志垣豊子……編
Toyoko Shigaki

キレイは50歳から

「50カラット会議」発

朝日出版社

はじめに——年齢って、逆境ですか。

年齢を聞かれると、40代までは笑って答えていた私たちでした。そして、50代になってからは、よく聞こえないふりをしたものです。年齢って逆境らしい、年齢が不利に働くことも少なくないと、肌で感じていたからでしょうか。

50歳を過ぎると、更年期症状にも襲われますし、肌や髪の変化にドキッともします。子供が独立して一息ついたと思ったら、親の介護問題にもぶつかってオロオロもします。

けれど、驚いたことに、50歳からの生活はなかなか気持ちがいい。50代の暮らしは、「人から何と言われようと、残りの人生は自分のもの」と決めたとたん、一陣の風が吹き払ったように、世の中の年齢に対するイメージは関係ないものになりました。

こんな風に自分を見つめなおしたのは、女性であることが逆境ではないかと悩んだ青春時代以来です。

年をとるのは、誰も初めて。50代を迎えた女性たちは、50代になって実感した解放された気持ちを語り合う場を作りました。これが、50カラット会議です。

各分野で活躍する50代の女性に集まっていただき、毎月一回、キレイで気持ちいい暮らしや体づくり、仕事の進め方や人間関係の楽しみ方、親の老いとの向き合い方など、さまざまなテーマに取り組んできました。

会議の参加メンバーは、料理研究家、写真家、建築家、医師、作家、コピーライター、デザイナー、雑誌編集者、ファッションコーディネーターなど、各界の第一線で活躍する50代女性たちです。

この本は、こうした100名にのぼる専門家たちが出会った「こんなことだったのね」、「そうだったのか！」という驚きとともに、50代の女性ならではの「これから」の過ごし方への提案をお届けします。テレビや雑誌などに登場して輝いている「あの人」も50代だったのねと、共感していただくことも多いことでしょう。
50カラット会議を始めて2年。毎月のブレインストーミングにご参集いただいた専門家の方々、無償のアンケートにご協力くださった50代の方々、そして、この一冊を世に送り出すために多くの助言をいただいた朝日出版社の新田雅一さんと谷岡美佐子さんに、心からお礼を申し上げます。

二〇〇二年五月

50カラット会議代表　志垣豊子

目次

PART 2 STRESS

PART 3 COMMUNICATION

PART 4 RELATIONSHIP

PART 5 PARTNER

PART 6 BEAUTY

PART 7 FOOD

PART 8 SPORTS

PART 9 BRAIN

PART 10 CARE

PART 11 VOICE

人物写真　児玉房子
イラスト　押田洋子
本文デザイン　林佳恵
装幀　神田昇和

50代だからできる、「休み上手」

part 1
rest

出席者

阿比留みどり（マーケッター）
安達みゆき（店舗プロデューサー）
石森いづみ（料理スタイリスト）
入沢仁子（美容研究家）
小林純子（建築家）
塩沢圭子（アートディレクター）
高城順子（料理研究家）
西角ますみ（女性誌副編集長）
林佳恵（装丁家）

気力・体力・外見は三位一体という実感は、50代に共通しています。折しも「更年期」。いまひとつ気力に欠けて、体が思うに任せず、一日を棒に振る経験をした人も多いことでしょう。

40代の勢いのまま走ろうとして、何かが違うと気づき始めた50代です。もはやパワーダウンは明らかで、車でいえば車種が変わったくらいの変化です。ゆっくり走ってみれば、なんと自然の営みにも、人の心にも敏感になったよう。

そこで50カラット会議には、忙しい中上手に休息をとり、いつもキレイでいることで定評がある方々にお集まりいただき、それぞれの「休息術」をうかがいました。

水しぶきの心地良さに目覚めたというアートディレクターの塩沢圭子さん、ボクシング観戦が最高のストレス解消法の装丁家、林佳恵さんをはじめ、料理スタイリストの石森いづみさん、店舗プロデューサーの安達みゆきさん、そして最近は体に優しい食べ物にひかれるという建築家、小林純子さん他の方々です。

これらの方々に見られるような「気持ちの切り替え上手」も、50代女性ならではの資質といえそうです。

50代は階段の「踊り場」、ここいらで一息入れましょうか

体が発信する〝休め〟の赤信号

この会議は、「40代までは、無我夢中。とにかく来る仕事は片っ端から引き受けて、土日もなく働きました。ワーカホリックだったのでしょうか。休むと何か忘れものをしたようで、不安になってしまう日々でしたね」という安達みゆきさんの言葉で始まりました。

「そうなんですよ。来るものは拒まず。来ないならこっちから行く、ぐらいの勢いでしたね」と、50代になるまでは、どんなに忙しくても、仕事さえうまくいっていれば、体も心も快調だった皆さんです。けれど、そんな勢いのまま走り続けようとして、ある時期に「何かが違う」と、体の変調に気づきました。

ある人は、「まず、悩まされたのは不眠だった」と振り返ります。「1、2時間しか眠れない日が2週間も続いて、体がクタクタ。やっと眠ったかと思えば、まるで布団の底から引っ張られているように体が重くて、起き上がれなかった」。疲れがとれず、筋肉も凝り固まって、寝

返りさえ打てない状態を経験したという話も出ました。

こうなるともう、40代までの「寝ればなおる」の体ではなくなっています。高波の中を前進あるのみだった気力も、不気味な〝凪《なぎ》〟状態。これまでとは違う自分なんだということを、体が教えてくれたのでした。

その上、変わったのは、体ばかりではなかったことに気づかされます。

化粧品メーカーで、30年間病気一つせずに働き続けたという入沢仁子さんは、「仕事が好きで面白くて、ずっと飛び回っていたのに、50代で管理職になったとたん、デスクワークの毎日」と、仕事環境の変化に戸惑った経験があります。「自分はまだプレーヤーのつもりなのに、管理職は人を采配するだけ。体はラクになったけれど、つまらない。精神的にはストレスいっぱい」の状態でした。

他にも、子供の独立や親の介護など、家庭環境も変化の時。気持ちは若い時のまま〝爆走モード〟でも、体や環境が「休め！」の赤信号を出すのです。それなら、いっそこのへんで〝お休みモード〟に切り替えようと考えるのが自然ではないでしょうか。

まだまだこの先、夢もやりたいこともいっぱいです。今、無理して全力疾走するより、明日のために「休み上手」になった方が楽しみも長続きするというもの。スポーツカーのスピードは出なくても、寄り道しながら楽しくドライブして、同じ目的地へ着けばいいじゃないの、という心境になりました。

「なまけ上手」になる

休息の第一歩は、「頑張り過ぎないこと」だと、入沢さんは言います。仕事は、舵取りだけすませて、後は体力も頭脳もピカピカの、若い人にお任せすることにしました。夜の10時、11時まで残業というこれまでの習慣もスパッとやめて、7時には「それでは、さようなら」。そうすると、後輩たちも「課長は7時に帰るもの」と思うようになるから、それまでに、自分を必要とする仕事は片づくということも体験しました。

以前なら「面白そう」、「それ、やりたい」と率先して手を上げた新しい仕事の話も、聞かなかったことにする。仕事仲間とのお茶やお義理のパーティーも、気の張る仕事の集まりも、みんなパス。それで通るようになったのも、それが原因でこれまでのキャリアや信用に傷がつくことはないという、50代ならではの自信からでした。

料理スタイリストの石森いづみさんは、忙しい日には、家事も「明日まとめて片づけよう」と割り切ることにしました。家族も今では、それがわが家流と納得しているようです。

雑誌編集者の西角ますみさんも、「家の中の仕事って、あれもしなきゃ、これもしなきゃと考え始めると山ほどある。だから忙しい時は、気にしないって決めたんです。そしたら、すごく気持ちがラクになりました。確かにその時は、家の中が荒れ放題になってしまうけれど、後でできる時にやればいいや」と、完全主義をやめました。生真面目に、「今日は天気がいいから、洗濯しなきゃ」と思うのもやめにしたそうです。

この状態を〝階段の踊り場〟と表現してくれたのは、安達みゆきさんです。昇りきったわけでも、下降したわけでもない。今は次のステップに向かうための小休止。〝階段の踊り場〟は、50代だけの特等席なのです。

自分流の、小さな気分転換を

〝階段の踊り場〟では、皆さん、いろいろな形の休息術を実践中です。

「いくつもの問題を同時に抱えていると、頭の中がグチャグチャになって、もう何も考えられない状態になってしまうんですね。そんな時は、初めての場所の初めての喫茶店へ行く。全く違う環境に自分を置いてみると、気持ちが切り替わっていいんですよ」と言うのは、料理研究家の高城順子さんです。

また、どうせ環境を変えるのなら、思い切って、他の事ができない状態に自分を持っていくのもいいと、「映画館やエステに行っちゃうんです」と言う人もいます。

本当は、どこかへ旅行できればいいけれど、そのためには計画しなければならないし、計画があればあるで、予定ができたという束縛感が生まれます。それがまたストレスと言う人は、日常生活の中で「小さな旅」をする名人になりました。

たとえば、タクシーに乗ったついでに、わざと遠回りして「運転手さん、そこの桜のところでちょっと止まってください」。それで、5分か10分花を眺めるだけでも「今日はよかったあ」と思える。少々タクシー代がかかっても、貴重な休息がとれたと思えば安いもの。駅までの道のりも、「この角を曲がると、木蓮の木がある」というように草木に目を向けて歩けば、それだけでも、気分は変わるそうです。

「自宅のベランダで、バラの花を育ててみたら、想像以上の安らぎだった」と言う人もいます。自然との触れあいは、どこでもできるリフレッシュの方法です。

また、「日常生活では、お風呂が癒し」という人も多いよう。「お休みの日は、1時間ぐらいは入っているんじゃないかしら」と雑誌編集者の西角さん。入沢さんも「お風呂のフタを半分閉めて、そこに本と飲み物を置いて、ゆっくり入っています」。これなど、家族の世話で忙しかった30代、40代の頃には思いも及ばなかった、ぜいたくな時間の使い方ではないでしょうか。

コーヒーやハーブティーなど、お風呂で飲むドリンクに工夫する人、音楽を聞きながら入るのが楽しみと言う人、いろいろでした。

入沢さんがお風呂場で使用する老眼鏡は、100円ショップで買ったもの。あちこちに置くと便利な老眼鏡ですが、ザァザァ洗っても、間違って落としても心配のない100円メガネ。デザインは思いがけない色や柄もあって、バスタイムグッズとしては優れもの、とお勧めでした。

アートディレクターの塩沢圭子さんは、撮影で滝に出かけた時、その水しぶきの心地良さに目覚めたそうです。以来、一日の仕事を終えた時、家の庭にホースで水撒きをするのが、最高のリラックス方法。一説によると、しぶきから発生するマイナスイオンが、心と体を癒してくれるのだそうです。

他にも、「眠る前に、クラシックのピアノ曲、ホロビッツの『月光』を聴くと自然にスーッと眠れるんです」、「質が良くてきれいなリネン類を揃えるだけで、幸せな気持ち」、「洗濯したての、太陽の匂いのするシーツも気持ちいい」など、50カラット会議のメンバーは、それぞれが自分流の小さな休息を楽しんでいます。

くつろぎ仲間を作りたい

50代になると、人間関係の重心が、子供や仕事中心の関係からプライベートな関わりへと移っていく傾向があります。

まず、なんといっても楽しいのは、仕事のつながりも義理もない夫とのつき合いです。「お花見、行こうよ」、「何か美味しいものでも、食べに行こう」と、誘い合って出かける時がリラックスできる時間。「この人と一緒だとラクチンだわ」と思える夫婦なら、まことに幸せですね。夫婦でドライブする人も増えたけれど、助手席でウトウトしている奥様方が多いのも、納得します。

夫婦での時間もいいけれど、気晴らしなら、同性の友達と他愛もないことをおしゃべりして、盛り上がる時間が一番というのは、男女共通のようです。

ただ、女同士の集まりが苦手な人もいます。「姑や夫の悪口、子供のグチは、疲れちゃう」、「自分自身、ずっと姑の面倒をみながら、家のことや仕事をしてきたので、主婦同士の暮らしにベッタリした会話は、分かり過ぎて、もう聞きたくないんです」というのが、その理由のよう。

女性同士なら、3、4人で集まる方が、息抜きになるかもしれません。「ふたりで向き合っていたら、深刻な話に発展しかねないけれど、人が多いと、あれこれ話題がとんで深く掘り下げた会話にもならず、アハハと笑ってお開きになりますもの」というのは、料理研究家の高城順子さんです。

〝帰りたくなる家〟づくりを

40代までは、家は子育てをしたり家事をするための〝闘いの場所〟でした。また、仕事一筋の人たちの中には、家は寝に帰るだけの場所だった、という人もいるようです。けれど、50代になって体や心が疲れた時、自然に求めるようになったのが、安らぎの空間です。使わなくなった子供部屋をつぶして、思い切って大きなワンルームに改装した人もいます。空間が広くなって掃除も楽になり、居心地もよくなったそうです。

店舗プロデューサーの安達みゆきさんもまた、子供の独立を機に「待ってました！」とばかりに、住まいの全面改装に着手した一人です。改装のコンセプトは、「お客のためでもない、誰のためでもない、ただ私のための空間作り」。私が安らげて、私が気持ちよくって、私がホッとする。そのための空間と、そのための家具やインテリアを追求しました。

今の自分に必要な色、必要な素材、必要な照明……という具合に、すべて自分を中心に考えて、家具やインテリアを揃えていったそうです。大きなベッドに大きな椅子と本棚、というシンプルなレイアウト。とくに椅子は〝王様の椅子〟と命名した通り、まさに王様気分でリラックスできるのだそうです。椅子に座って読書をしたり、音楽を聴いたりするひと時が最高の安

店舗プロデューサー　安達みゆきさん

あんたつ・みゆき　1946年、北海道・函館生まれ。15年前までは、エスニック料理研究家。現在は、店舗プロデューサー。何しろ、インドネシアの大学で染色を学び、外交官だった夫を助けて現地のパーティー料理を習得したとのことですから、もちろんインドネシア語も堪能です。その後、店舗プロデューサーに転向。料理を食べる人の立場、レストランを利用するお客の気持ちを前面に出した店舗を展開したいという情熱が、料理づくりを上回ったよう。プライベートタイムの快適さをとことん追求したという部屋におじゃますると、訪ねた私の方がリラックスする始末。相変わらず料理のセンスは抜群で、ワインが進んでしまいます。

装丁家　林佳恵さん

はやし・よしえ　1950年、富山生まれ。写真は元WBA・S・フライ級チャンピオン、セレス小林さんと。目下ボクサーの美しさに夢中。グローブを構えたかたちに始まって、戦う時の美しさと危うさがたまらないと、はまっています。ボクシングジムやリングサイドで過ごす時間の捻出は、最優先だといいます。仕事着はきもの。職住接近の時期に、仕事への気持ちを切り替えるために始めた習慣だそうです。「帯をキュッと締めると、キリリとします」という言葉からは、仕事に対する気合を感じます。共著に『子どもにできる地球にやさしい24時間』（学陽書房）、小林カツ代さんとの『あっぱれ冠婚葬祭』（朝日出版社）、著書に『林佳恵のきもので遊ぼ！』（アスペクト）など。

らぎになりました。安達さんの〝帰りたくなる家〟づくりは成功したようです。「私だけ」にこだわったものの、ベランダの植物が花開くとうれしくて、友人との小さなパーティーも開きます。そして、訪れた友人たちにも「この部屋、落ち着くわね」と大好評だそう。自分が気持ちいい空間は、他人にも心地よいことを実感しました。

ちょっと一休みの時期だからこそ、自分を楽にさせてくれるものにお金をかけたい——。あなたも、自分の居心地のいい空間づくりを始めてみませんか。

体が欲しがるものを味わいたい

とにかく多忙だった40代までは、外では仕出しのお弁当や外食ばかり。家庭の中では、子供のリクエストにこたえた味がほとんどでした。

けれど、大人だけの生活が始まり、家庭回帰した50代は、自分が本当に食べたいものを考えるゆとりができました。

みそ汁のだしにもこだわり始めました。2〜3種類のジャコと昆布でていねいにだしをとって、上等な八丁味噌を使う。かつお節の香りや、ごはんが炊き上がる何とも言えない良い匂いも、料理の楽しみを思い出させてくれます。「食べ物の匂いは、心をカサカサにさせない特効薬。きちんと料理した日は、気分よくいられます」と言うのは、塩沢圭子さんです。

50代に必要なのは、体のサインを読みとる敏感な感覚なのです。

「疲れた時は、自分の体が食べたいと思うものを食べていれば、間違いがない気がします」と言うのは装丁家の林佳恵さん。たとえば疲れた体は、大根の葉っぱをごま油で炒めるとか、ただ塩もみするだけという、力強く青々とした食べ物を欲しがります。

建築家の小林純子さんは、「疲れた時は、若い頃なら肉を食べたくなったかもしれませんが、今は、切り干し大根や鰯といった、体に優しそうなものにひかれますね」と言います。

テレビや雑誌の料理場面を演出する、フードスタイリストの石森いづみさんは、仕事の上でもプライベートな食生活でも、これからのテーマは、便利で簡単ではないけれど、美味しいものを取り戻すことだと言います。「材料を厳選して、手間暇かけることは、人間に最後まで残るといわれる食欲の楽しみ方ではないでしょうか」と、ていねいに料理する生活を提案してくれました。

女のひとり旅って楽しい!?

疲れがたまったら、思い切って日常生活から完全に脱出してしまう手もあります。

「海を見ながらボーッとしたり、読書にふけったりするのが、最高の休養」と言う人、「北海道でスキーをします」、「青森に、津軽三味線を聞きに行く」と言う人、それぞれに「とっておきの楽しみ」を持っています。

装丁家の林さんの脱出法は、なんとボクシング観戦。ボクサーが闘う姿や、肉体がぶつかり合う音は、まさに非日常の出来事。ストレス解消になるし、「大声を出すので、体にもいいみたい」ということです。

旅にしても趣味にしても、日ごろ忙しければ忙しい人ほど「ひとりがいい」、「ひとりでいなきゃ、もったいない」と考える傾向があるようです。

ホテルを利用するにしても、「寝たいだけ寝る」という素朴なぜいたくの他に、「そうそう」と思いついてやる「爪の手入れ」や「顔のパック」、「全身マッサージやエステ」を本格的にという願望も、ひとりなればこそできること。

最近では、リゾートホテルだけでなくシティホテルでも、こうしたサービス設備を備え、レディス料金まで設定して、女性のひとり客の人気に応えています。

ホテルのホームページを見ると、レディス宿泊プランとして、アロマテラピストによるボディトリートメントの特典などをアピールしているものが目立ちます。「旅行するよりホテルでゆっくり」という過ごし方に「美しくなる」おまけ付き。

ひとりでも楽しく上手にくつろぐには、こうしたリラクゼーションサービスを用意しているホテルを利用するのも方法です。

一方、ひとり旅は、「好き勝手に、やりたい放題できる」というものの、何だか落ち着かないという人も多いことでしょう。

「確かに、美しい景色を見て『わあ、きれい！』、温泉に入ったら『ああ、気持ちいい！』と、感動を分かち合える相手がいないのは淋しいかも」

「ひとりで歓声を上げて、ヘンな人って思われるのもイヤだしね」

「荷物を見ていてと頼める人がいなくて、トイレへ行くのに困ったことがある。そんな時だけは、誰かが一緒だといいのになって思います」

と、ひとり旅の不便は、それぞれが体験しています。

そもそも、日本には、女性がひとりでぶらりと行って泊まれる宿泊施設が少ないのです。

「旅館を選ぼうとすると、もっと少なくなります。あっても、仲居さんが見当違いの心配をして、しょっちゅう様子を見に来たりして」

「そうそう。だから、ちょっと息抜きに来ただけだと分かってもらおうと、最初から無理して明るく笑ったりして。ホント、疲れちゃうんです」と、苦笑いです。

それでは、ひとりでの食事はどうでしょう。苦手な人も多いようですが、これにもどうやらコツがあるようです。

安達みゆきさんは、周りを観察できる場所に席をとるようにするそう。「食事をしてても飽きないですよ。このウエイターの態度はなかなかよろしいとか、あの人が食べてるの美味しそう。あんなメニューもあったんだとか」

ひとりが苦痛になるのは、自分が観察される立場になってしまう時です。

「一度あったんですよ。京都で、カウンターしかない板前割烹に入ったら、お客は私ひとり。私が料理を頼むたびに、高下駄履いたお兄さんたちがじーっと見てるの。みんなの視線が刺さって、ちっとも食事を楽しめなかったんです」という体験を持つのは、料理研究家の高城順子さん。「ひとりで食事する時は、お店を選ぶのが大事ですね」

ひとり客にもさり気なく接してくれて、タイミング良く話しかけてくれる。そんな宿泊施設や飲食店が増えてくれることを、私たちは心から望んでいます。

ところで、旅先の夜は、誰にもじゃまをされずにゆったりくつろげるのが楽しみです。ある人は、「ビールを飲んで、テレビ見ながら、顔のパックをするのが定番」と言います。「徹底的に疲れをとるなら、隠れ家感覚の滞在型リゾートでのんびりしてみたいよね」という声も上がりました。

近頃、あちこちに、健康促進を目的にしたリゾートホテルもできています。そうしたところでは、一人一人の体調に合わせた過ごし方がテーマなので、部屋もシングルが多く用意されていますし、ひとりでロビーをウロウロしても不自然ではありません。

50カラット会議を、そんな施設の一つ「スパウザ小田原」で開いたことがありますが、運動やリラクゼーションのためのプログラムもいろいろ用意されており、しかも図書室や視聴覚室もあって、休息の数日を過ごすには快適そうでした。こういった施設の情報はインターネットでも検索できますし、カード会社のパンフレットなどで紹介されていることもあるので、調べてみるといいかもしれません。

何人かの友人や家族と一緒に行き、食事の時間だけは集合するという約束で、後は自由に過ごすのも楽しそう。食事の時間には、何と言ってもやはり「会話」がご馳走ですから。

REST

ただいま「マイチェア」とハネムーン中

店舗プロデューサー　安達みゆき

更年期ということも重なったのでしょうか。三年前の私は、疲労困憊しながら、仕事に取り組んでいました。気持ちについてこない体への苛立ちはストレスになり、休む習慣のなかった体が、休息を求め始めていたのです。

そんな時、「私の椅子」に出会いました。その椅子は、仕事場の一階にあった家具のショールームにありました。一目見た時、瞬間的に、「私を待っている！　私のためにできている！」と感じた椅子です。

その椅子は、ショールームの中でも、その重厚さと体を包み込むような温かみで、存在感をアピールしていましたが、値段は75万円、ドイツ製です。「居心地の良さを求める」というコンセプトの家具を扱う専門店のショールームだけあって、当然、どの家具にも細心の配慮とデザインがほどこされています。どれも、それなりの値段です。

けれど、その日から、私の中に「あの椅子のある暮らしをしたい」という想いが生まれ、日に日に大きくなっていきました。

折しも、同居していた息子が結婚して独立する話が持ち上がり、自分の心と体が安らぐ家に改造するチャンスが到来し、私の「居心地づくり計画」が急発進することになったのです。

ことが現実味を帯びた時、「あの椅子の座り心地を備え、デザインも相応の椅子はないものか」と、あちこちのファーニチャーフェア、オリジナル家具を扱うお店を歩き回りました。心のどこかで、同じ価値のものが、もっと安くあるのではと、期待していたのかもしれません。

そして、仕事場に出向くたびに、ショールームの椅子と目を合わせて、一年が経ちました。その一年の間に、「あの椅子」は、心の中では「私の椅子」になっていました。

つまり、「あの椅子」があることを前提に、私の居心地づくりプランは進行していたのです。壁を取り払ってワンルームに改造したわが家の設計図の上に、「あの椅子」はキチンと置かれていたのです。

そして、とうとうある日、ショールームの「あの椅子」に座ってみました。

外からガラスごしに眺めた時には気づかなかったことですが、その手触り、色合いの気持ちよさに加えて、なんと、あたかも私の体の疲れや気持ちの動きに合わせるかのように、とてもスムーズに形を変えていったのです。

その椅子は電動式だったのです。

そのとたん、求めていた暮らしのイメージに、確信が生まれました。この居心地づくりプランに、私はもう一つのテーマを持ち込んでいました。どこまでコストを下げられるか、です。もちろん、居心地のクオリティーを落とすことなく、コストダウンを図るのは、言うまでもありません。

そこで、「あの椅子」の輸入元、販売代理店を探すことにしました。仕事柄、その道に詳しい人が身近にいたこともあり、代理店が京都にあることを突き止めました。輸入元から買えば、当然、安く手に入ります。こうして、25%のコストダウンに成功したのです。

いざ、改造成ったわが家に、「あの椅子」が届いた時は、「お帰り！」という気分で迎えたものです。

そして、二年。まだ、私と椅子との蜜月は続いています。カーテン、壁紙、ベッドカバー、ソファー。布でコーディネートされている部屋に、キャメル色の皮の椅子は、部屋の真ん中で、いよいよ存在感を増しています。

ソファーとベッドの間に置かれているので、ソファーに掛けて話す時には、ベッドとの間で、パーティションの役目も果たしてくれます。日差しがよく入るので、皮は少し焼けてきました。それがまた、この椅子に抱かれて過ごす時間を、いっそう親しくしてくれると感じるこの頃です。

50's DATA NOW

■テーマ 「50代の休息の楽しみ方について」
■アンケート対象者　首都圏の50代主婦150名
■実施期間　2000年7月

Q 40代に比べて、疲れやすいと感じていますか？

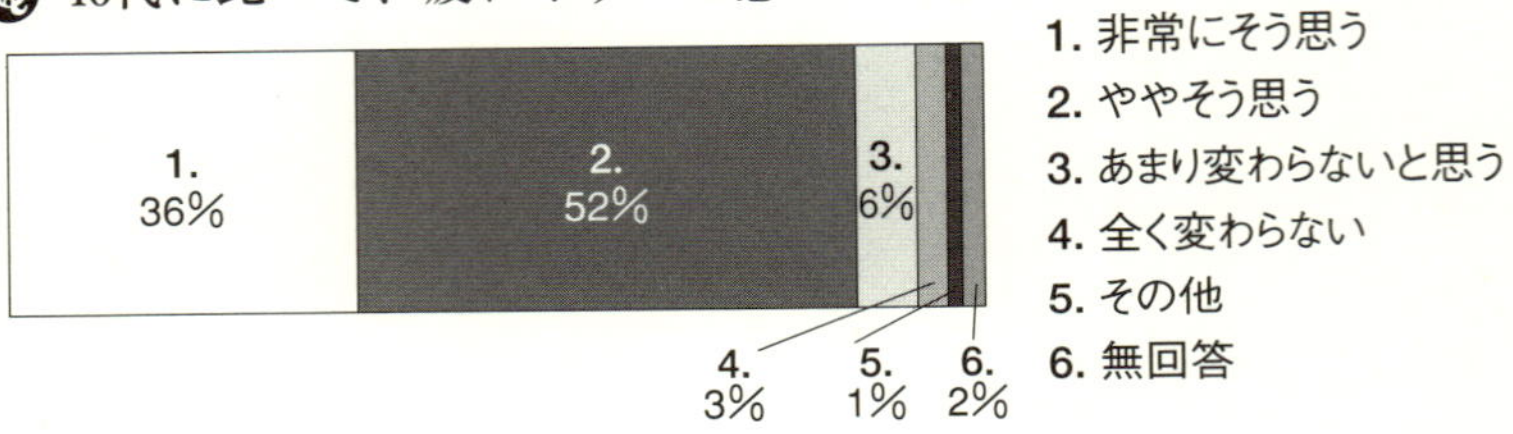
1. 36%
2. 52%
3. 6%
4. 3%
5. 1%
6. 2%
1. 非常にそう思う
2. ややそう思う
3. あまり変わらないと思う
4. 全く変わらない
5. その他
6. 無回答

Q 疲れの原因は何ですか？

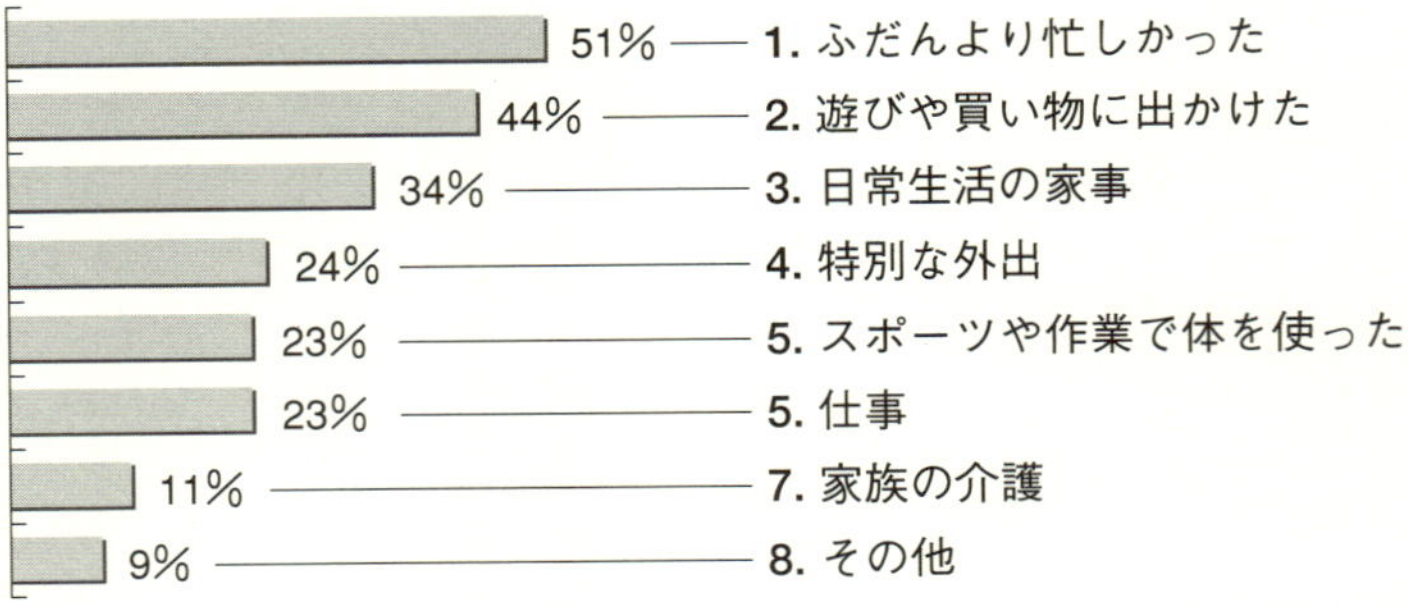
51% 1. ふだんより忙しかった
44% 2. 遊びや買い物に出かけた
34% 3. 日常生活の家事
24% 4. 特別な外出
23% 5. スポーツや作業で体を使った
23% 5. 仕事
11% 7. 家族の介護
9% 8. その他

あなたの「休息術」は？

●下着類は、40代よりワンサイズ上、締めつけずにゆったり着ています。

●日中疲れた時、眠い時に10分でも寝てしまう。暇があればとにかく寝る。

●美術館はウォーキングシューズで出かけます。おしゃれなスニーカーなど。

●一日中、好きなシャンソンのCDを流している。

余暇を利用したリラックス法

●山の花に会いに行く。緑の中で座ってぼんやりしたり、山荘で読書やスケッチを楽しむ。

●パッチワーク。針を持つと不思議と落ち着きます。

●友人とおいしいものを食べに行き、気のおけないおしゃべりをします。

●娘とアンティークのショッピング。

〈アンケートの記述から〉

part 2

stress

50代のストレスは、しなやかにやり過ごしたい

出席者

残間里江子（プロデューサー）
嶋田有記（インテリアコーディネーター）
中村延江（臨床心理士）
山本加津子（女性誌編集長）
吉永みち子（ノンフィクション作家）

毎日の生活に、ストレスはつきもの。人間関係、体の変調、社会環境の変化などなど、ストレス源はどこにでもあります。独立した子供にしても、心配が途切れるわけではありません。そんなストレスと、どうつき合っていますか？　というのが、今回のテーマです。ところが、会議を開いてみると、女性は、男性たちよりもずっと「やり過ごし上手」なことが分かりました。それというのも、家族間の気持ちの調整役をはじめ、日々の細々とした場面で、自分の気持ちと現実とのギャップを感じつつ、それを乗りこえるのが上手になり、柳のようなしなやかさを身につけたからといえそうです。

ストレス談議は、女性ならではのストレスの感じ方について語り合うところから始まりました。今回の参加者は、大忙しの生活で、何足ものぞうりを履きこなす方ばかりです。「背負いきれなければ、捨てればいい」と、シンプルライフを勧める作家の吉永みち子さん、2001 POWER FORUM「大人から幸せになろう」の企画プロデューサー、残間里江子さん、長い外国暮らしから帰って、日本での中高年のとらえ方に戸惑ったというインテリアコーディネーターの嶋田有記さん、50代を対象にした女性誌の編集者、山本加津子さん他にお話いただきました。

生きていれば、ストレスはつきもの
50代は上手にしなって、やり過ごします

目の前の扉が閉ざされていく感じ

「50歳になったということで、目の前の扉がバタバタ音を立てて閉ざされていった感じ。社会の中に居場所がなくなったというのかな。そう思ったらものすごく落ち込んじゃって」と語るのは、インテリアコーディネーターの嶋田有記さんです。ご主人の海外赴任が終わって帰国し、アメリカで学んだインテリアの知識を生かした仕事を始めようとした時の経験です。

そんな風潮があるからでしょうか、仕事場で、「50歳」が口にできなくなってしまったという人もいました。その方は、49歳までは、人前で自分の年齢を言うのも平気。それどころか、女性が年齢を隠す風潮にカツを入れるほどだったのにと、戸惑ってしまったそうです。これは、予想もしなかった大きなストレスになりました。

振り返れば、若い時からさまざまなストレスにさらされてきた50代です。民主主義教育を受けて、男女同権で育ってきたはずが、大学に入ろうとすれば、〝女子学生亡国論〟にはばまれ

て狭き門。やっと入った大学は、学園闘争の真っ最中でした。作家の吉永みち子さんはバリケードの内側で、共闘しているはずの男子学生から、「じゃあ、お茶でも入れてよ」と言われて、唖然としたそうです。

「おまけに男子は、茶碗も洗わずさっさと帰っちゃうんですよ」

男女雇用機会均等法など、影も形もない時代。就職活動をしてみれば、今度は「男子学生のみ」の表示にぶち当たって、大きなショックを受けました。

吉永みち子さんは「あれは本当に屈辱だった。行きたい会社があったのに、学校の就職案内の掲示板に貼り出された、会社の説明会の会場欄に、茶色の線がひいてあったの。これ、『男子のみ』のしるしだったんです。あの線の色と太さ、最後の文字の筆のはね具合。拒否されたという感じとともに、今でもハッキリ覚えていますよ」と言います。

30代、40代は、夫や子供との関係づくりに振り回され、職場では人間関係に悩まされるなど、人とのぶつかり合いの中、ストレスにさらされました。

そして、50代。社会の扉が閉ざされる不安とともに、親の介護や子供の結婚、就職問題などがのしかかってきて、まだまだストレスとは縁が切れません。

けれど、早くから社会の変化や矛盾に、たっぷりもまれたせいでしょうか。今の50代の女性は、ストレスに簡単にはつぶされない強さを身につけているように思えます。

「徐々に積み重なってきたものだから、ストレスがたまっているという実感があまりないんですね。肩凝りだって、いつものことだと、たまにマッサージされて『すごい凝り方ですね』と言われなければ気がつかない。それと同じかも」と吉永さんは笑います。

男性の「捨て身」、女性の「しなやかさ」

男性社会の壁にぶつかるたびに、どうやら、現実は一筋縄ではいかないらしいと観念して、「男性の考えが変わるまで、待っていられないわ。自分流にやっていこう」とやり過ごしてきたのが、今の50代のようです。

「今と同じストレスが、もし20代の自分に襲いかかったら、パンクしてしまうと思う。でも、そこが年を重ねた強みですね」と、吉永さんは自信満々です。

これが「強さ」だといえば、確かにそう。けれど、男性が言うところの「女は強いよ」とは違うというのが、50カラット会議の面々の共通した意見です。

「男性が言う女の強さって、年をとって鈍感になったとか、図々しくなったとか、どこか侮蔑的なニュアンスが込められていますよね」

「女性は、日々あちこちにぶつかりながら成長したから、大木にはなれなかったけれど、少々の横風じゃ折れない柳のようになった。叩かれても上手にしなって、また元に戻る。そんなしなやかさが、私たちの強さじゃないかしら」

男性の強さが「捨て身」であるのに比べ、女性は「しなやかさ」というところでしょうか。

「本物の大人」を目指したい

さて、目の前でドアがバタバタと閉まっていくのを実感した嶋田有記さんは、「欧米では、40代、50代以降の女性は、コクや香りの高い、熟成されたワインのような価値を認められるのに、日本にはそんな考え方はなかったんですね」と振り返ります。

そこで話題にのぼったのが、マスコミが考える50代女性の位置づけです。テレビ局では、20〜34歳までを、もっとも消費行動が盛んで視聴率を稼げるターゲットとして「F1」と名づけているのだそうです。次に重視されるのが「F2」で、これが35〜49歳。

「では50代はどうなるの？」と聞いたところ、50歳以上は「F3」で、なんと最高齢の108歳まで、一絡《ひとから》げなんですよ」とプロデューサーの残間里江子さんは言います。

「昔はニュースでも、まだ50代の人をつかまえて〝老女〟なんていう表現をよくしたけれど、その時代とあまり認識が変わってない。50歳も100歳も一緒だなんて！」

「出版社でも、50代女性は物を買わないし、雑誌も読まないというのが男性社員が考える常識だったりするんです」

などなど、忿懣《ふんまん》やるかたない発言が続きました。

「50歳から59歳の人口は１８００万人もあるではないか、私たちの世代はまだまだ現役！」と思ってみても、自分たちがターゲット外に位置づけられていることを、皆感じています。

世の中が描く「50代女性」のイメージに、実際の50代は違和感を覚えます。テレビも雑誌も、企画者は30〜40代が中心。50代以上のことは想像がつかないのかもしれません。

「それなら」とばかりに、ある広告代理店では、50代を〝アクティブ・シニア〟という言葉で表現しました。化粧品や下着など、50代をターゲットにした商品が近頃大ヒットし、「十把一絡げだったF３層も、細分化の必要あり」と認めたからでしょう。新しい言葉を作って、50代市場の開拓に乗りだしました。

ところが、これが、今回の会議出席者には悪評噴出。

「シニアに〝アクティブ〟をつけて元気さをアピールしたのでしょうが、これって〝年寄りの冷や水〟とか〝やせ我慢〟という感じがしませんか？」

「年齢を隠さないことで知られる女優の吉永小百合さんも、〝アクティブ・シニア〟のくくりには入りたくないと言ったそうですが、その気持ちはよく分かります」

〝アクティブ〟とか〝元気〟とか、いつも輝いていることを良しとするモード設定は、正直言って辛い。自分にとってどうでもいいことは、捨ててしまう潔さを持ちたい50代だっているということです。

50代が考える理想の50代像は、言ってみれば、「本物の大人」というイメージ。そんな50代像が広がれば、自分もそこにくくられて文句なしと、皆が口を揃えます。「本物の大人」とは、つまりは先ほど話に出た「熟成したワイン」と同じことです。

私たちにしても、50代の体と暮らしがどれだけの可能性を持っているのか、最近分かってきたばかり。先輩たちの生活からは、輝く姿、楽しそうな暮らしは見えにくかったために、年齢を逆境ととらえて怖れたのかもしれません。そのことに気づいた今、50代のこれからは、まだまだ輝きに満ちています。50カラット会議は、そんな50代をよろしく！　という気持ちをこめて、これからも情報を発信していきたいと思っています。

背負い切れなきゃ、捨てればいい

子供が巣立ち、若さや女性性を失ったように感じた時、それがストレスになる人もいます。山本加津子さんは、自身が編集する女性誌の読者を通して、そんな女性たちの悩みを数多く見聞きしてきました。定年になった夫を見て、「これまではお給料を運んできてくれたから、食事の支度をしてきたけれど、毎日家にいるようになったのに、どうして私がごはんを作らなきゃならないの？」と考えてしまう人。「○○ちゃんのママ」や「○○さんの奥さん」といった呼び名がなくなった時、「私って一体何だったんだろう」と呆然とする人。ストレスの実態はさまざまです。

落ち込むほどではなくても、せっかく子供にもお金がかからなくなり、時間もあるし経済的なゆとりもできた。体もそこそこ元気。「なのに、この自由は何に生かしたらいいの」と立ち止まってしまう人たちも多いそうです。

子供も成長した50代の家庭は、親の介護が目前に迫ったり、子供の就職や結婚、病気、孫のこと、とそれなりに抱える問題も重くなります。

「50代女性は、仕事をしているから家庭は他人にお任せというわけにもいかないし、大小段重ねのストレスを抱えているんですね。背負い切れない時は、一番どうでもいいものを捨ててしまった方がいい」と提案するのは吉永さんです。

何を捨てるかを決めるのは難しいようですが、「犬や猫を見ていると、具合が悪い時は暗いところでじっとしていることがあるでしょう。人間だって動物なんだから、彼らに倣って、ジタバタしないでじっとしているのがコツですよ」。すると、動物的カンとでも言うのでしょうか、頭で考えなくても何を捨てて何を拾えばいいか自然に分かるとのこと。その意味では、ストレスを受けること自体が、大事なことは何なのかを学ぶチャンスなのかもしれません。

心理学者の中村延江さんのストレス解消法は、イヤなことが起こったらそこから目をそらさず、徹底的に「イヤだ、イヤだ、イヤだ」と思い続けること。

「飽きっぽいんでしょうか。『あ〜、イヤだ。もうやめちゃいたい』と3日も思い続けていれば、もうそれ以上悩めなくなるんです。飽きるまで落ち込んでいると、たいてい、起こったことはしょうがないという気持ちになれる」と言います。

「シワだって、できてしまったものは直らない。だったら、このシワをどう自分の魅力にするかを考えた方がトクだと思うようにするんです」

50代に対する見方を変えよう

個人的なストレス解消法は、さまざまにありました。けれど「扉が次々と閉ざされてしまう」、「何をしたらいいか分からない」などという社会的なストレスは、個人の努力だけで解決するのはなかなか難しそうです。

社会に50代が頑張れるステージが用意されていないのが、その理由の一つ。50代もやれるという社会的気分が醸成されていないことも、50代が自信喪失してしまう要因です。たとえば、私は何ができるだろうと思った時、お金を出せばカルチャーセンターにも通えるし、多彩な旅行プランも用意されています。けれど、それはしょせん消費者として「できること」であって、自分を社会につなげていくことにはならないのです。

かと言って、個人的に一から何かを始めて社会的な成果を上げるのは難しい。たとえ頑張って成し遂げた人がいても、「あの人、特別だからできたのよ」ということになりかねません。「だったら、難しいことも可能になるような、社会全体の〝底上げシステム〟を、50代のネットワークで作ってしまおう」、そんな提案も残間里江子さんから出されました。もちろん、50カラット会議はそういう目標も視野の中に入れています。

そのためには、今輝いている女性たちに、もっとどんどん前に出てもらって、影響力を発揮して欲しい。「あの人、ステキ」、「カッコイイ」。そう言われるような50代女性が、あちこちで活躍してくれれば、50代に対する世の中の見方も変わるはず。「奥ゆかしく遠慮して、30代、40代に居場所を取られている場合じゃない！」と思うのです。

最近、等身大の50代をテーマにした雑誌も増え、「この人も、50代になっていたのか！」とうれしくなる記事に出会うこともあります。50代だからこそできるライフスタイルの紹介は、読む側に元気を与えてくれますね。

ストレスに弱い男性たち

中村延江さんの「日本には、大人の女性が育つ土壌がない」という発言から、その女性を取り巻く男性たちのストレスはどうなっているかという話に発展しました。

細いけれど、しなやかで折れにくいのが女性なら、大木が倒れるようにポキンと折れてしまうのが男性といえないでしょうか。定年になったり、妻に先立たれて鬱《うつ》に陥る男性の例は、よく耳にします。

25年連れ添った夫婦の場合、夫に先立たれた妻はその後平均25年も生きるのに、妻に先立たれた夫の平均余命はわずか3年という統計もあるほど。

「そんなストレスに弱い男を抱えて、これから生きていかなければならないことこそ、女のストレス」などという言葉も飛び出しました。

男性の弱さの原因は、男社会の中で守られて生きてきたことにあるという意見には、会議の出席者全員が賛成しました。

「プライド高く生きているようでも、しょせんそれは役職や肩書きに支えられたもの。会社の名前は大きくても、個人は構成員の一人でしかないから、リストラや定年で仕事の顔を失った

イラストレーター、エッセイスト　押田洋子さん

おしだ・ようこ　1939年、東京生まれ。50代になった時、このままずうっと負荷のない生き方をしてはいけないと思い、パリのモンマルトルにアパルトマンを購入したそう。食べることが大好き、お酒も大好きなので、ヨーロッパはもちろん、中国には何度も足を運んでいます。旅行中は、メモ帳を放しません。食べながら飲みながら、スケッチをしては、その場面にまつわる話をメモしている姿は、仲間内ではおなじみ。温かい色づかいのイラストと一対になった著書は、いつ開いてもうれしくなります。『中国お皿の上の物語』Ⅰ、Ⅱ、『パリお皿の上の物語』（共に東京書籍）など。

臨床心理士　中村延江さん

なかむら・のぶえ　1943年、東京生まれ。家庭では、45歳を過ぎたら改めて向かい合おうと決めていた夫との時間が大好きとのこと。普段は学会の活動もあり、原稿の締め切りに追われ、そんな忙しさにもかかわらず、合唱団にも参加している行動派。それだけに、休日は、ご主人が夢中の「小さな虫の話」に耳傾けるひとときが居心地いいそうです。「お互いに趣味も関心事も違うのだけれど、話にフンフンとあいづちを打っていける聞き上手な間柄になりました」と、うれしそうです。

とたん、一人では何もできない自分にガクッときちゃうんでしょう」

「結局、男は一人で生きるということをしてこなかったんですよ」

「支えてくれるものがあるところを選んで生活してきたのね」

「甘やかされて、辛酸をなめたことがないのです」

などなど、厳しい男性評が続出しました。心理学者の中村延江さんは、男性のストレスの原因の一つは、「変化に弱いこと」と言い切ります。仕事を持っていても、同時に妻や母、主婦の役割もこなす女性は、たとえば「母親を卒業したら、今度は働いてみよう」などと、変化に応じて、柔軟に立場を変える軽やかさを持っています。

けれど、仕事の顔しか持たなかった男性は、変化に弱く、all or nothingの極端な選択に走りがち。リストラを苦に自殺してしまうなど、まさに「もういい」とばかりに、自虐的になってしまうという一面は否定できません。

また、欧米では20代に多い殺人者が、現代の日本では50歳前後にもっとも集中するという報告もあるそうです。つまり、男性は追いつめられるとキレやすい。内にこもれば自殺、外に向かえば殺人というわけで、「基本的には甘ったれなのよね」、「危なっかしくて見てられない」というのが女性の正直な気持ちのようです。

文部省統計数理研究所の国民性調査では、「生まれ変わるなら男より女」という女性が、一九六八年に「男に」を逆転して、二〇〇〇年には三分の二に増えています。一方、「楽しみは男に多い」と答える男性たちは、過去最低の54％に留《とど》まりました。「子供が一人なら、どちらを望むか」という質問に対しても、「女の子」が47％、「男の子」が28％だったそうです。

「男社会は、基本的に競争社会。そうであるがゆえに、男は勝者でなければならないという強迫観念がある。そろそろ男性が、そのストレスに耐えられなくなってきたからでは」と中村延江さんは分析しています。

そんなストレスの中で、男性たちに「自分回帰」への関心が高まっている気配があります。仕事が一段落し、どっぷり首まで仕事につかっていたような人が日曜画家を始めたとか、近所の農家と交渉して農業の練習を始めたという例を聞くようになりました。

スーパーウーマンは卒業しよう

民主主義の教育を受けた男女平等世代でありながら、「妻が夫をたてるのが当たり前」という親たちの夫婦関係を見て育った男性たちです。頭では「男も家事を手伝って当然」と分かっていても、自分の父親の姿を思い描けば、どうしても感情がついていかない。そんなギャップに、ストレスを感じている50代男性も多いのではないでしょうか。友達夫婦をやっていたはずが、いつの間にか夫婦の間がギクシャクする背景には、こうしたことがあるのかもしれません。

女性の側にも、似たようなギャップがあるようです。中村延江さんは、「仕事を持っていても、家では、家事は妻の仕事、夫にやらせて悪い妻と言われたくないなどと、家の中のことまで何でも完璧にやろうとしてしまう。そんなスーパーウーマン・シンドロームを持っている50代女性もけっこういますよ」と指摘します。「生活者として自立できない夫にしてしまったのは、女性の責任もあるのでは。でき過ぎる女が夫をダメにする」という意見も出ました。

けれど、「何もできない夫を叱咤激励してやらせるなら、自分でやった方が早い」というのも、また事実。作家の吉永みち子さんも、「夫がやるのを待っているのも、イライラのタネ。もめて1時間なら、もめずに5分を選んじゃうのよね。これが日本の女の典型的な優しさであり、愚かしさよね」とため息をつきます。

ついつい〝スーパーウーマン・シンドローム〟してしまう母親を見て、「結婚なんか絶対イヤだ」と言い放った娘もいるそうです。同じ苦労を娘たちの世代にはさせたくない。だからとくに男の子には積極的に家事をやらせているという人もいます。しなやかな男を育てるのは、やっぱり女の役目なのかもしれません。

「女は夫に先立たれて後に残ることも覚悟の上なのに、男性はなぜか『自分は看取られて死ぬ』としか思っていないふしがある。はっきり言ってそれは甘い！　いい男が育たなければ、女のストレスは解消しないのだから、これからは男性にも頑張ってもらわなきゃ」という声が上がりました。

男性に求めるのは、一人でも生きられる人間であれということです。その意味では、男性の料理ブームも大賛成。たまに台所に入ってグズグズする夫を、「じゃまだと思わず、温かい目で見守ることも大事」と、男性を育てていく忍耐もやはり必要なようです。

ただそれにしても、妻が夫を育てるのも限界がある。「看取られて死ぬなんて甘えずに、自分が何をしたいのかということに挑んで欲しい。自分のことは自分でするという暮らしの原則を再認識して欲しい」と吉永さんは嘆きます。ふんぞり返って何もしない、妻のお荷物になるような夫なら、「捨てればいいのよ」と過激な発言も飛び出しました。

各都道府県にある「女性対策室」は、そろそろ「男性対策室」に転換した方がいいというのも、決して冗談ではない提案です。女性たちの集まりに、男性たちを積極的に誘って、「一人の人間」としての意識と行動の必要性を感じ取ってもらおうという意見もありました。甘えているると憤りながら、そこはやはり愛情深く男性を見守っているようです。

STRESS

しなやかにストレスを回避する8つの「対処法」

心理学者　中村延江

女性の50代は、子供の自立、近親者の病気や死、閉経や自分自身の病気など、ストレスにつながるライフイベントが複雑に絡まり合う時期。「私の人生はこれでよかったのか」と悩んで振り返ったり、若さや美しさなど大切なものを喪失する体験を重ねていく時期でもあります。

女性の誰もが更年期を迎えますが、ストレスとどう向き合うかによって、よい更年期を迎えるか、更年期障害で終始するかが決まってきます。「そろそろ更年期かな？」と感じ始めたら、自分を客観的に捉える訓練をしながら、更年期の状態になった自分の生活をイメージして、体や気持ちを休める方法や、その時間を楽しくする環境づくりの準備をしましょう。

ストレスを抱えてしまったら、以下の「ストレス対処法」を活用してみてください。一つの方法で行き詰まってしまった場合には、数種類の方法を組み合わせると効果的です。

たとえば、ストレスの要因を見つけ出し、小さなストレスなら慣れること。どうしようもないことは忘れること。疲れたら温泉で解消することなどの方法があります。

自分にぴったりの対処法を見つけて、更年期のストレスをしなやかに乗り切りたいものです。

1　ストレスを解消する

ストレス対処法の中では、もっとも一般的な方法。カラオケに行ったり、買い物をするなど、気晴らしをしてマイナスのエネルギーを発散させてしまうことです。お気に入りの香りのバスソープでゆっくり入浴するなど、ちょっとした気分転換の方法を自分なりに工夫しましょう。日常生活のわずらわしさによるストレスに効果的です。

2　ストレスと戦う

ストレスの原因となる問題に対して、行動を起こし正面からぶつかって解決する方法。

夫との関係がギクシャクしたり、トラブルがあった場合などは、相手に自分の言いたいことをぶつけてみたり、納得するまで話し合うことで、気持ちがすっきりすることがあるものです。ただし、自分が行動を起こしても解決できない問題には、不向きな方法です。

3　ストレスに慣れて、開き直る

更年期は、女性なら誰もが迎えること。50代ともなれば、家族関係も新たな展開を迎えて、思いもかけない心配事も起こります。こうした時、ちょっとした発想の転換で、ストレスをストレスと感じない耐性を身につける方法です。

たとえば、心身の不調も、「女性がみんな経験すること」と大らかにやり過ごすなど、特別な事態と思わない気持ちの持ちようを心がけること。小さなストレスや、避けることができないストレスに必要な方法です。

また、年齢を重ねた自分の状態をありのままに認めて、「今のままの自分が好き」と開き直るのも、一つの対処法です。ただ開き直るのではなく、その年齢の自分にしかできないことは何かを考えて、自分自身の価値観を持って行動してみましょう。アメリカでは、サクセスフル・エイジングと表現し、年齢をプラスに捉える心構えに通じる方法です。

4 ストレスを避ける

苦手な人の誘いを上手にかわしたり、気の進まない食事会には出席しないなど、ストレスになりそうな状況を避けることも対処法の一つ。避けて通れるストレスに、わざわざ真正面からぶつかる必要はありません。立ち向かう必要のない問題、立ち向かっても解決しそうもない問題、さほど重要ではないケースに効果的な方法です。

5 ストレスを忘れ、据え置く

しばらくストレスの原因に距離を置き、その事について考えないようにすることです。食事前に熱いシャワーを浴びたり、寝る前にストレッチをする、背筋を伸ばして姿勢よく歩いてみるなど、手軽なことでいいので、意識的に体を動かして気分転換することがポイントです。問題が心から切り離されて、新しい視点が生まれるきっかけにもなります。

また、すぐに何とかしようとするのではなく、「明日があるさ！」ととりあえず冷却期間を置く方法もあります。親の病気、夫のリストラ、仕事の失敗など、いくつものストレスが重なっている時は、解決をあせって頑張るほどパニックに陥って混乱してしまうものです。時間を置くことで物事を客観的に考え、状況を整理できるようになります。

6 ストレスを砕いて飲み込む

親の介護、子供の問題など、どうしても逃げられない大きなストレスには、細かく砕いてできることから少しずつ解決していく方法がお勧め。問題を客観的に考えて、一つずつ納得しながら飲み込むことで、ストレスは確実に減っていきます。小さな事が一つでもできたら、自分で自分をほめてあげると心にゆとりも生まれます。

7 ストレスを取り込んで、合理化する

お肌がつるつるになる美容液の中身が半分になった時、「もう半分しかない」と思うか「半分も残っている」と思うか。ストレスの要因に対する認知（捉え方）を変えることで、ストレスを味方につけ、自分の側に取り込む方法です。ストレスは、マイナスにもプラスにも理解できるものなので、見方や発想

を変えるだけで前向きなエネルギーにもなります。

さらに、私たちが普段何気なく使っている方法の一つに、ストレスを合理化するという対処法があります。たとえば、閉経を迎えた時に「わずらわしさから開放されたのだから、生まれ変わって自分らしく生きよう」と、ストレスをプラスに捉えて納得する方法です。ある側面では辛い事実も、合理的に納得できる理由があればストレスをストレスと感じないですむものです。

8 ストレスに浸る

ストレス状態にどっぷり浸って、悲しい時は涙が枯れるまで泣いたり、イライラや怒りを感じるままに正直に表すなど、とことん自分の感情を実感する方法。自分自身の感情に耳を傾け、しっかり体験して発散することが大切です。どうしようもない問題や悲しみにぶつかった場合には、こうした段階を踏まないと、ストレスを乗り越えることができません。

50's DATA NOW

■テーマ「50代のストレスの実態について」
■アンケート対象者　全国の50代主婦301名
■実施期間　2000年9月

Q 50代になって「気力がなくなって、気持ちがのらない」等の、落ち込みの経験はありますか？

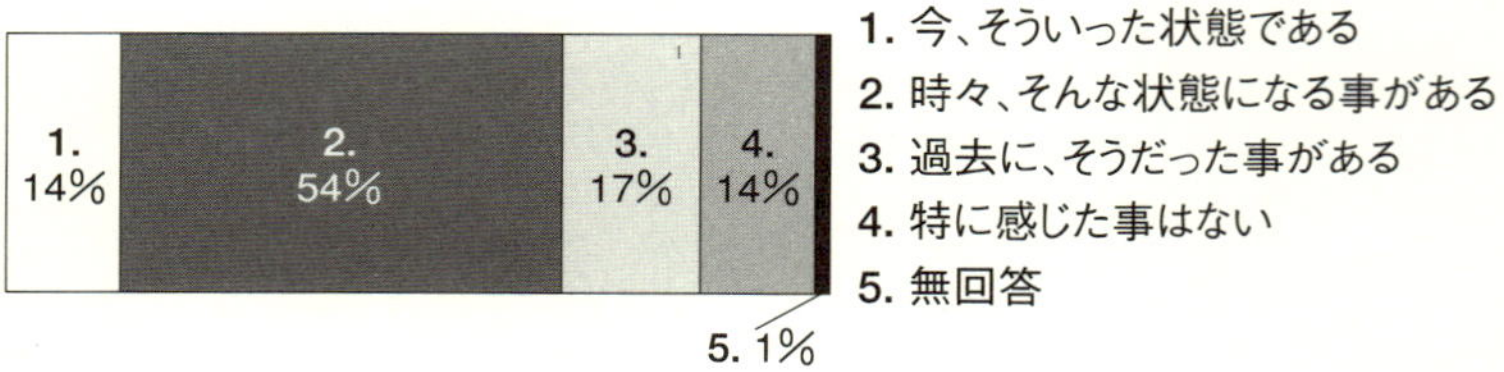

1. 14%
2. 54%
3. 17%
4. 14%
5. 1%
1. 今、そういった状態である
2. 時々、そんな状態になる事がある
3. 過去に、そうだった事がある
4. 特に感じた事はない
5. 無回答

Q 落ち込みの原因は何ですか？

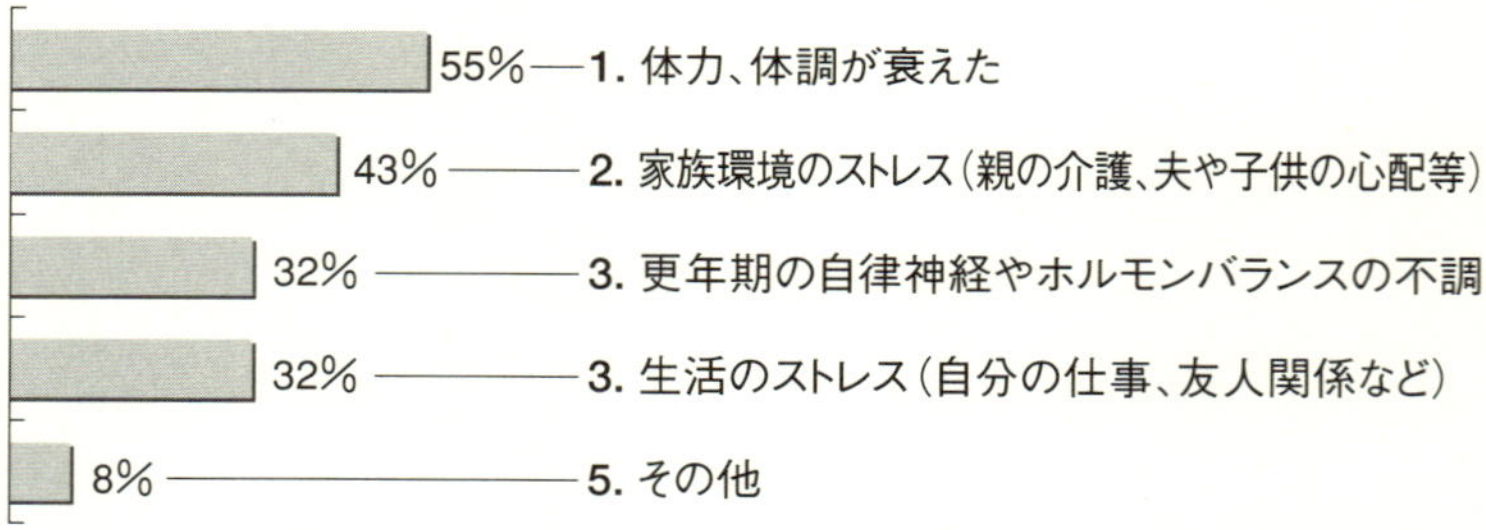

55%―1. 体力、体調が衰えた
43%―2. 家族環境のストレス（親の介護、夫や子供の心配等）
32%―3. 更年期の自律神経やホルモンバランスの不調
32%―3. 生活のストレス（自分の仕事、友人関係など）
8%―5. その他

気持ちが落ち込むって、どんな風？

●気力がなく、すべて億劫。

●物事を悪い方に考えて自信がなくなる。他人の嫌な言葉を気にする。

●家族の心配事に追われ自分の事ができない。ライフワークが見つからず、これから何ができるだろうかと悩む。

●外出したくない、家事をしたくない、電話に出たくない、カーテンを開けたくない。

どうやって乗り切りますか

●心身ともに疲れきっていたので、半年間は何もできないでボーッとしていた。これでいいと思っている。

●もう頑張らない。今自分が本当はどうしたいのか自問しながらすすめます。

●かなづちだったので水泳教室に。クロールで25メートル泳げた時、子供のように無邪気にはしゃいだ。

〈アンケートの記述から〉

part 3 communication

わが家の「食卓」を、友達づくりの場に

出席者

井上陽子（パッケージデザイナー）
氏家昭子（エスニック料理研究家）
貝塚恭子（建築家）
こぐれひでこ（イラストレーター）
檀晴子（エッセイスト）
柳沢由子（料理研究家）

かつては「うちのごはん」にひかれて帰ってきた家族の人数も減り、50代の食卓は、新しい楽しみを求め始めました。とくに、「ごはん食べに来ない？」と食卓に誘える気軽なネットワークづくりを、50カラット会議は提案したいと思います。

たまに夫がどっさり釣ってきた魚とか、二人暮らしには多過ぎるほどいただいたお土産品も、コミュニケーションに一役買うチャンス。

夫婦二人になった食卓は、テレビが話題の主役ということも少なくないのですが、それでは少し淋しいですよね。皆さんの場合は、いかがでしょうか。

50代家庭からのアンケートでは、「夫とゆったり、お酒も楽しむ食卓になった」という人が25％もいらっしゃいました。

家族も友人も皆がうろうろできるキッチンを作ったイラストレーターのこぐれひでこさん、料理の匂いで人が集まってくる家の主であるエッセイスト、檀晴子さん、今やっと夫が食卓に戻ってきたけれど「低カロリーがテーマです」という料理研究家の氏家昭子さんなどを迎え、「ごはんでコミュニケーション」というテーマについて、たっぷりと語っていただきました。

「ごはん食べに来ない?」気楽に声をかけてみませんか

夫の「猫舌」に初めて気づきました

「お腹すいた、何か食べるものない?」と、子供やその友達までもが飛び込んできて、24時間営業だった食卓も、気がつけば夫婦二人きりになっていたという家庭は多いことでしょう。以前ならすぐに空になった寸胴鍋いっぱいのスープも、今は数日たってもなくならない。ついつい昔の調子で作り過ぎて、ずらりと並んだ大量の料理を前に、「いったい誰が食べるの」とハッとしたというのは、エッセイストの檀晴子さんです。子供が巣立った50代家庭の胃袋は、本当に小さくなりました。

檀さんのお宅では、夫婦二人になってから、夫の口から「簡単でいいよ」という言葉がよく出るようになったそうです。それでも、そこは料理愛好家でもいらっしゃるエッセイスト、檀太郎さんとの食卓。そんな時でも、残り物を何種類も一つの器に盛って、「オードブル風」に楽しみます。「簡単」と「粗末」は違うというのが檀家の法則と言われると、なるほど、と納得してしまいます。

冷や奴は、手間要らずの定番メニューですが、お豆腐の上に香味野菜や叩いた納豆をのせるといった、ちょっとした心づかいを加えるのが、「簡単だけど、粗末ではない食卓づくりのコツ」なのです。逆に、どんな高級なお刺身でも、トレーのまま食卓にのれば、粗末になってしまうことでしょう。

エスニック料理研究家の氏家昭子さんの家では、子供たちが食卓を巣立った後、予期せぬ事態が訪れました。30年ぶりに夫が食事に帰ってくることになったのです。企業戦士で仕事ひと筋。帰宅はいつも午前様だった夫が、家庭に戻ってきました。なにしろ夫は、滅多に夕食を共にしなかったので、家で作る料理も子供の成長に合わせて変化していました。

最初にびっくりしたのは、「えっ、あなたって猫舌だったの⁉」ということ。今になって初めて知った事実は、けっこうショックでした。その上、夫は健康管理上、低カロリー・低塩・低糖・低脂肪の食事が必要になっており、氏家さんは食事づくりへの気持ちを仕切り直す必要に直面しました。

とはいえ、「愛は胃を通る」ということをモットーにしてきた料理研究家のこと、そうと決まれば、食卓の様変わりは早かったようです。作り手の心配りは、たちまち夫婦の食卓と気持ちを満たしたそうです。

それも、以前なら、見栄えもよくて、手間もかける。おまけに栄養のバランスも行き届いた正しい料理をと頑張ったところですが、「毎日のことだもの、こんなものしか作れなかったという日があってもいいことにしよう」と、気持ちを楽にすることにしました。料理研究家なのだから頑張らなくちゃというタガをはずしたら、余裕が出て笑顔になった自分を感じたそうです。

氏家さんのお宅同様、これまで大忙しだった共働き家庭でも、夫婦揃って、食卓に戻ってきています。若い時なら「外で何か食べちゃおうか」となることが多かったのですが、今は「遅くなってもいいから、家で何か作ろうよ」というふうに変わってきました。忙しい時には空っぽだった冷蔵庫も、今は満杯。普段着に着替えてゆったりできる解放感や、食べた後ですぐに横になれる気楽さがある「わが家での食事」がうれしくなった50代です。

家族も仕事も、賑やかな季節が一段落して、昔のように、夫婦二人で向き合う食事がまた始まりました。これからも、夫とは「一緒にごはん」の関係です。

合言葉は、「ごはん食べた?」

ごはんの吸引力のすごさについては、今回の出席者一同が、それぞれに体験談を披露してくれました。

いつも美味しそうな匂いがしている家の主、檀晴子さんは、息子さんに「俺が非行に走らなかったのは、家の飯がうまかったからだ」と言われました。「息子は、結婚してからも時々嫁と一緒に来るのですが、必ずごはんが目的なんです。それ以外に用事なんかないんだから」とにっこり。

ごはんの力で人が集まってくる家の話や、大勢で食卓を囲む場を作っている例を聞くと、「50代の暮らしの活性化は、食卓から」ということを実感します。

料理研究家の柳沢由子さんも、「私も、若い人にコンピューターを教えてなんていう頼み事をする時は、相手の好きな料理を用意して、〝まあ、一杯どうぞ〟と食べ物で釣りますもの」と笑います。若い夫婦を食事に招いたら、お返しに招かれた食卓のメニューはスパゲッティ。後はサラダとワインぐらいでしたが、家ではスパゲッティなんか嫌いだと言っていたご主人が、お代わりまでしたそうです。

「そういえば、うちの実家も、食事の時には必ず誰かお客さんがいましたよ。結局、私たち姉妹の3人全員が、その中の誰かと結婚したんです」と思い出を語ってくれたのは、パッケージデザイナーの井上陽子さんです。

そうはいっても、他人を食事に誘う習慣がないと、つい頑張り過ぎて、その挙げ句面倒になるもの。皆さんはどうしていらっしゃるのでしょうか。

「きれいにテーブルをセットして、おもてなしをしようとすると気が張るけれど、大皿料理に、取り皿とお箸を人数分だけ置けばいい、というふうに考えれば簡単です。椅子をちょっとずらして、座る場所を作るだけ」と、檀晴子さんは、あくまでも手軽さを優先します。

「今から行っていい?」、「なんか食べさせて」と友人たちが飛び込んでくるのは、イラストレーターのこぐれひでこさんのお宅。

「ただ、うちは本当に簡単クッキング。6人分ぐらいなら、なんとかパパッと作っちゃうんです」

集まってくるのは、20代の若い人が多いそうですが、一緒にごはんを食べると、世代を超えて仲良くなってしまうという現象は、どなたにも経験があるはず。別にお互いのことを根ほり葉ほり聞かなくても、分かり合えた気分になるものです。こぐれひでこさんは、このことを次のような言葉で表現します。

「一度でも同じ釜の飯を食べると、垣根が取れちゃうんですね。食べるって動物的な行為だから、普段の自分を見せてしまったという感じになるんじゃないでしょうか。つけていた鎧がはずれるというのかな」

夫を巻き込んでの「一緒にごはん」を始めている人もいます。

料理研究家の氏家さんは、友人夫婦5組で食事をする会を作り、定期的に誰かの家へ集まっては食事会を開いているそうです。

「一品持ち寄りにすれば、主催する人にも負担がかからない。いろいろな家の味が楽しめるのもいいですよ」

氏家さんのように会を作るところまでいかなくても、女同士の集まりに夫を誘えばついてくる、と柳沢由子さんも言います。

「最初はいやいやでも、そのうち、全く違う分野の人たちと、仕事を離れた会話ができる楽しさに目覚めるようです。だんなさん同士が仲良くなって、自分たちだけで飲みに行っちゃうこともあるんですよ」

さて、これからはひとり暮らしになる可能性だってあります。今でも、夫が留守の時はひとりの食卓です。ただし、ひとりは侘しいかと言えば、そうでもないようです。

「ひとりのごはんも、大好き」と言うこぐれさんは、毎日の食事をポラロイドで写真に撮って、「ごはん日記」をつけています。

「ちゃんと作った日も、簡単な日も、とにかく記録する。そうすると、ひとりのごはんの時も、一応盛りつけにこだわったりするでしょう。楽しい演出ができるんですよ」

それでもひとりが淋しい時は、人の家に押しかけるべしというのが、50カラット会議の意見

イラストレーター　こぐれひでこさん

こぐれ・ひでこ　1947年、埼玉生まれ。ある情報誌に連載されている、食の探訪シリーズ「"食" ワールドへようこそ」の愛読者だったことが、ご縁のはじまりでした。おいしそうな食べ物のイラストと、今度行くぞと思わせる語り口のエッセイ通り、こぐれさんのお話はいつも集まった人たちを、浮き浮きした気分にさせてくれます。食の文化史に詳しいのも、家族や来客が集まっては通り抜けていくキッチンを作ったのも、食べることが大好きだからと納得しました。「うちは、いつのまにか誰かが来ていたり、いなくなったり、交差点のよう。だからキッチンを出入り自由で、勝手に集まれるように設計したんです」とのこと。そのキッチンへは、著書『私んちにくる？』（扶桑社）でどうぞ。

エッセイスト　檀晴子さん

だん・はるこ　1943年、東京生まれ。「人が来たら、一緒にごはんを食べるもの」だと思っているそう。ですから、きれいにテーブルをセットするおもてなしというより、いつもの食卓に来た人の席をつくるだけ。ちょっと場所をあけて、お箸とお皿を追加するだけだそうです。そんな家だから、訪ねる方も気軽に足が向くのでしょう。いつも美味しそうな匂いが漂っているという噂です。特別な用がなくても、ごはんだけ食べに寄る訪問者がある、とても幸せな家庭の主です。同じエッセイストで食愛好家でもあるご主人とのコミュニケーションは、キッチン以外では愛犬の散歩。愛犬をはさんだ散歩は、自然に言葉も多くなるのだけれど、そこでもまた、美味しい食卓が話題なのでしょうか。

です。一緒にごはんを食べるネットワーク作りの提案には、こんな時に電話をかけ合える人を作っておきたい、という願いも込められています。

夫をキッチンに誘いこむ作戦

建築家の貝塚恭子さんによれば、日本の家庭のキッチンが、最近になってかなり変わってきているそうです。

これまで人気だった対面式や独立型のキッチンに代わって、陽当たりのいい場所に作るオープンキッチンが注目の的。それも、みんなで囲める「アイランド（島）型」に人気があります。システムキッチンの主流も、合理的な収納で台所のゴチャゴチャを目隠しするドイツ流から、カラフルで楽しみ重視のイタリア流へ移行中。

「キッチンが大人の遊び場になったんですね」とは、ある出席者の感想です。

その背景にあるのが、「一緒に作って、一緒に食べよう」と大勢で集まるようになったこと。「餃子の皮包んどいて」「あっ、じゃあ私は、これかき混ぜとく」などと、ワイワイガヤガヤ。料理が不得手な人は、話のネタになるお土産を持ち込んで仲間入りです。後片づけも、みんなでチャッチャッとやってしまえば、すぐにすみます。

キッチンは、主婦がひとりで孤軍奮闘する場所ではなくなりました。

家を建て替えたばかりのイラストレーター・こぐれひでこさんのキッチンは、人が集まり、交わりながら通り抜けていくことができるように、出入り口が3カ所。どこから入っても、どこから出てもいいけれど、必ずそこで人と人が出会う仕組みです。

そこでは、人が集まる時は、食卓で野菜を刻んでもいいし、キッチンでお酒を飲んでいてもいいことになっています。人間工学や作業動線にもとづいて、無駄なく合理的に作り込んだキッチンより、遊びがあってフレキシブルに使えるレイアウトが、いる人をリラックスさせるようです。

夫が仲間入りすると、キッチンが元気になると感じるのは、氏家昭子さんです。

「お湯が沸いても、ママ、やかんがピーッていってるぞ、と言うだけだった夫が、初めて作ったのり巻きがお客さまにウケたとたんに、すっかりその気になったんです」とにんまり。

「お客さまが来ると、夫も、よし、手伝うかという気になるみたい。大根なんかおろしちゃったりして。わあ、スゴイ。男の人は力があるから早いわってほめると、うれしそう」と、夫を仲間にする方法も話してくれました。

妻同士のグループで、夫のグループに料理を教えたという人もいます。自分の夫に教えると、どういうわけかケンカになりやすいから、それぞれがパートナーを変えて伝授し合いました。夫が自分の食事の用意ができるようになって、妻のグループだけでの旅行が実現したのが、この料理教育の最大の成果だったそうです。

「土曜日は、お父さんの蕎麦打ちの日」と決めている家庭もあれば、夫がカレー作りに目覚めたという家もあります。

「タマネギのみじん切りが面倒だと言うので、フードプロセッサーを使えば簡単、と教えてあげたら、夫はすごく感動して、料理って面白いね、ですって」

夫、厨房に開眼。これも、50代に入ってからの目覚ましい変化です。

「一緒にごはん」メニュー、教えます

お客さまを呼んだ時の定番料理は、人それぞれ。でも基本は、簡単なのにいかにも手が込んでいるように見える料理です。

「集まった人を驚かせて、感心させるなら、派手な鍋料理やオーブン料理がいいですね」と、料理研究家の柳沢由子さん。

トマトに詰め物をして焼くだけの「トマトファルシー」、アンディーブにハムを巻いてクリームソースをかけて焼く「アンディーブジャンボン」。缶詰の鰯にハーブとパン粉とニンニク

のみじん切りをつけて作る「香草パン粉焼き」……。いずれも、ただオーブンに入れて焼いただけなのに「おいしい！　こんなの食べたことない」と、若い人に大好評だそうです。

鍋料理ならパエリア。それから、ローストポークを2、3キロ分作ってドーンと出すのも見た目がゴージャス。こんなの作って、大変だったでしょと言われたら、「全然」とは答えずに、「まあね」とかわす。これがまた快感なのです。

あなたの家にも、簡単なのに感動を呼んだメニューがあることでしょう。そんなレシピを、ぜひ50カラット会議までお知らせください。いずれ、皆さんにお伝えする機会をつくりたいと思っています。（「50カラット会議」事務局の連絡先は巻末にあります）

無農薬の元気な野菜を選んだら、集まった人から「ほうれん草ってこんなに美味しかったのと、びっくりされました」と言うのも、柳沢由子さん。

トマトもキュウリも、そのまま何もつけずに食べて美味しいから、それだけで立派な一品に。肉も魚も、旬のもの、新鮮なものを選べば、生でもいいし、焼いたり茹でたりするだけで十分美味しい料理になります。調味料だって、シンプルに塩、こしょうだけで十分です。

その塩にもこだわって、世界中の塩を料理に合わせて使い分けているのは、檀晴子さん。「若い子相手に説明しても、この微妙な違いは分からないと思う。こんな遊びができるのも、50代だからこそ」と、まだまだ未知なる味との出会いに、想いを馳せています。

野菜や、ハーブやスパイス類を自分で栽培するのも、究極の料理の楽しみだという人もいます。自分で育てると愛着もわいて、料理をする意欲も倍増するのだそうです。

50代の料理は、アイディアで勝負

糖尿病とストレスからくる脳梗塞で倒れた夫のために、1日1440キロカロリーの食事作りに四苦八苦している人は、「ごはんにコンニャクを混ぜてみたり、きのこや野菜を使ったいろいろな料理を試したり。でもやっぱりこの制限内ではバラエティーが出せないし、見た目も淋しい料理になってしまう」と嘆きます。

そんな話を聞くと、人ごとではないと、つくづく感じます。病気でなくても、普段から食べ物で体の元気をコントロールしておく必要がある50代です。

「自分たちのいざという時に備えて、カロリー制限があっても楽しく食べられるような対応食を考えておきましょうよ」と提言する人もいました。

たとえば、氏家昭子さんはハーブを使って、辛さや甘さを抑えた低カロリーのエスニック料理を試作中。友達が集まった時、「えっ、これが病人食なの」と驚いてもらえるような料理を考えています。

普段元気な人も、自分流の元気特効メニューを持っています。レモングラスなどの東洋のハーブを料理に使うと元気が出るという人。生野菜が元気のもとという人。疲れた体には、だしで野菜をコトコト煮た滋味たっぷりの「癒し系」か、ニンニクや唐辛子や肉でカーッとパワーをつける「刺激系」を使い分けるという人もいました。

体調を崩した人には、皆と同じものが楽しめないという淋しさがあるのだけれど、そんな人でも「一緒にごはん」を楽しめるメニューを工夫して、笑いながらごはんを食べられることを目指したいと思います。

50カラット会議は「美味しくて、体に優しく、食欲をそそる」自慢のメニューも募集します。そのうち、「50カラット・メニューブック」にまとめられたらいいな、と計画しております。

COMMUNICATION

キッチンが、家族の気持ちをつなぐ時代

建築家　貝塚恭子

　このところ、たて続けに、夫婦だけになった家の設計を手がけることになりました。私自身が50代になって、同年代の暮らし方への関心が高まっていた時でしたので、以心伝心ということでしょうか。

　その中の一つに、奥さま68歳、ご主人は70歳を超されているご夫婦の家の改修があります。新婚時代からずっと住み続けた家だということで、「これからの余生を、古い地縁を大切にしながら、しかし、快適に送りたい」というお手紙をいただいて、この仕事は始まりました。

　東京の郊外にあるこの家は、裏に畑もあり、お料理好きの奥さまは、食べきれない野菜を下処理して冷凍しているというしっかり者です。ご主人は、そうした奥さまのまわりをウロウロするのが楽しみの日々のようです。そうしたご夫婦が、この歳になって、家を改

造する決意をしたのでした。

その第一の目的は、料理をしたり食べたりという楽しみの時間を、いちばん快適な場所で過ごしたいということでした。古い家のご多分にもれず、台所は北側にありました。南側の庭に面した三つの部屋は、子供たちが独立して以来、長い間、手持ちぶさたに広がったままなのに、昼間でも電気をつけるような台所につながる食堂で一日を過ごすことが多かったのです。

「老夫婦が、一日一日をていねいに生きていく家。中でも、食べることを楽しみながら、豊かに過ごせるキッチンのある家」への改修は、ご夫婦の暮らしぶりを知ることと共に、老いていく体に、どんな心配りが必要かを考える機会になりました。


改造のポイントは、次の5点です。

1 お日さまを浴び、風の流れを感じながら過ごせること。南側の茶の間をダイニングキッチンにし、庭に面した開口部を思い切り大きく広くして、太陽の日差しを浴びられるようにする。北側の台所は、納戸にする。

なにしろ、家族の歴史、思い出の品々が、あふれている家なのです。

2 衰えた視力をカバーする、明るい部屋にすること。濃い茶色の板壁は一部分を残し、全体は白っぽい壁紙を貼りました。システムキッチンも、明るく、いきいきとした気分になるような黄色を選びました。

照明は、部屋全体がバランスのよい明るさ

東京郊外の家

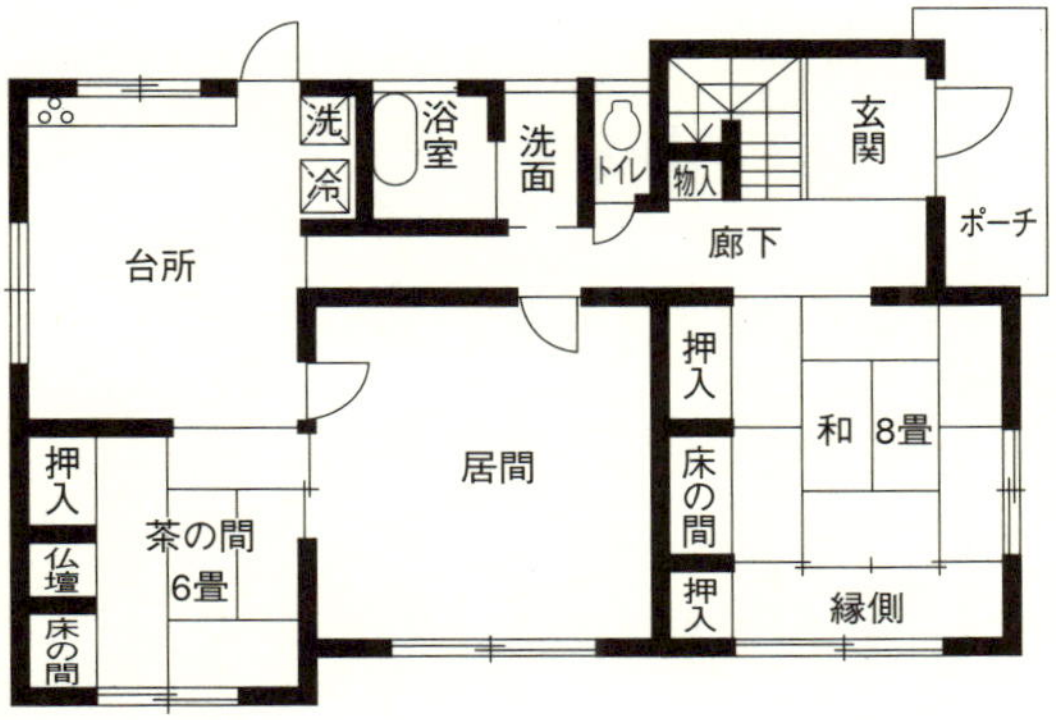

改修前

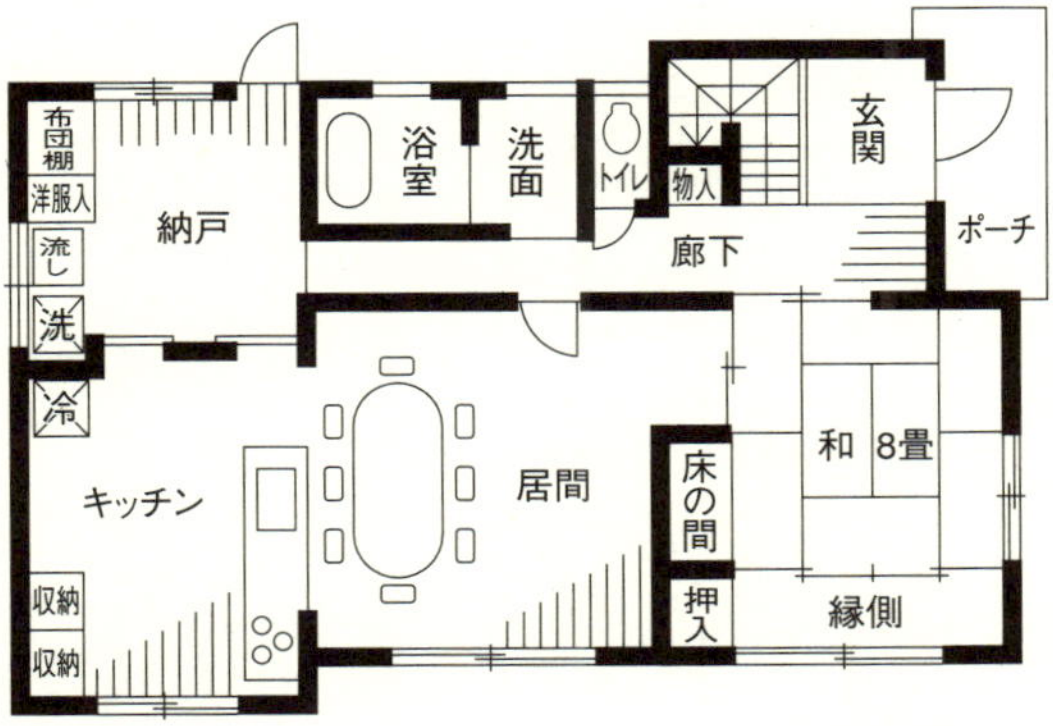

改修後

になるように考え、必要に応じて、手元、足元をしっかり照らすこと。若い人の住まいは、間接照明が人気ですが、そこはやはり、天井に主照明を取りつけて、その上で、手先のことをしたり本を読む場所には、電球を天井に埋め込んだダウンライトや、壁などに取りつける照明器具のブラケットを配置しました。

3 体力、筋力に負担がかからない収納場所、収納方法。最近では、食器のように重いものでも、しっかり受け止める「引き出し式の棚」を用いた収納方法が広がっています。脚立を使う必要があるような収納場所は、作らないようにしました。

4 水まわり、火まわりは、安全第一。加熱調理機器には、ＩＨクッキングヒーター（電磁プレート）を採用。ご主人に後片づけを手伝って欲しいという奥さまの要望で、二人分の食器なら十分という容量の食洗機も取りつけました。

5 床は、お掃除が簡単なフローリングにして、床暖房。夏場は、風通しがよく冷房要らずだそうですが、寒さはこたえる体になったと、キッチン中心に、リビング、トイレ、浴室まで床暖房にしています。もちろん、バリアフリーです。

あと十年を快適にというお気持ちと、行き違いがなかったか、そのうちお訪ねしたいと思っています。

もうひとつの例は、ご夫婦が、それぞれ自分の時間と空間を持ちたいと希望された家です。別々のお部屋を希望されたものの、仲たがいがあるわけではありません。

50代を過ぎると、家で仕事をするライフスタイルを始める人が増えるということですが、このご夫婦もそうで、それぞれの時間と場所が、個別に必要な暮らし方なのでした。

それが証拠に、「夕食は、集合！」のキッチンが、家の中心になりました。奥さまは器の収集が楽しみという、食卓を演出するのが大好きな方ですし、ご主人も、食べる時間がこよなく好きというご夫婦なのです。そして、昨今「ゆっくり顔をあわせるのは、夕食の時間だけ。この時間を、キッチンというより、リビング感覚のお部屋で過ごさない？」という相談がまとまりました。

建築デザインの世界でも、ここ一～二年、家具のようにデザインされたキッチンが話題になっています。キッチンを主婦のものと決めつけないライフスタイルが広がってくると、キッチンの位置づけも、「調理場」から「家族が出会う安らぎの場所」に変わるからなのでしょう。

依頼を受けたこのご夫婦の家は、2階建てで、家の中心となるキッチンは日当たりのよい2階に設け、ご夫婦はそれぞれに1階と2階に住み分けるプランになりました。こうした、リビング風キッチンは、ドイツで生まれた従来の質実なキッチンと違って、楽しげな生活をイメージさせるイタリアンデザインの影響を受けたものです。

50's DATA NOW

■テーマ 「食卓のコミュニケーションについて」
■アンケート対象者　全国の50代主婦358名
■実施期間　2000年10月

Q キッチン、食卓でのコミュニケーションはどう変わりましたか？

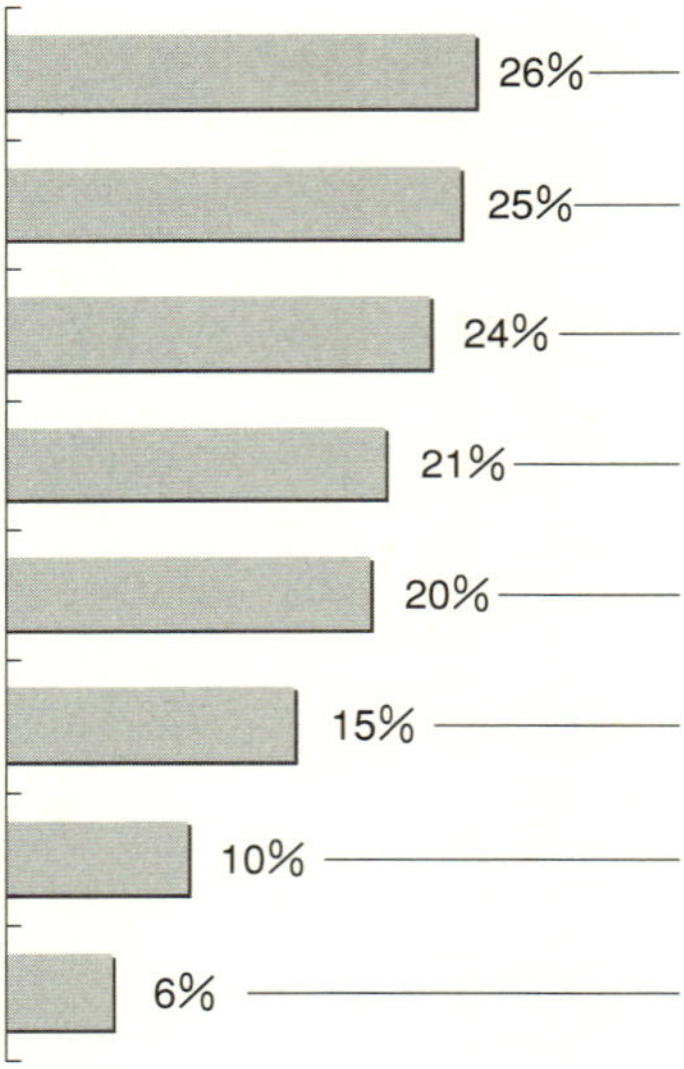

1. 夫とゆったり食事を楽しむようになった
2. 食卓に、お酒類が登場する機会が増えた
3. 子供たちと、大人の会話が楽しめるようになった
4. 夫がキッチンをウロウロするようになった
5. 子供が料理をするようになった
6. 夫が「自分の料理」を楽しむようになった
7. 夫と二人になって、食卓に会話がなくなった
8. 友人知人を呼んで、賑やかな食事を楽しむ機会が増えた

食卓はどう変わりましたか

●夫の帰宅時間が早くなり、二人で食事をする回数が増えた。その日にあったことをお酒を飲みながら話すように。

●まだ家族の生活時間に差があり、食事時間はバラバラです。4人家族が一緒に食事をするのは月に一度ぐらい。

●子供が社会人になり、会話の幅が広がりました。お酒で話もはずむように。

とっておきの楽しみ方は？

●自分の体が欲しいものを、ていねいに作ってゆっくり食べる、自宅での食事が週末の楽しみです。

●いつも手作りなので、多少値ははっても、たまにデパ地下で料亭のお弁当を買って熱いお茶を入れて、至福の時。

●平日には、友達と手作り料理を持ち寄ってランチを楽しみます。

〈アンケートの記述から〉

part 4
relationship

50代の夫婦は「相棒」です

出席者

阿比留みど里（マーケッター）
井上陽子（パッケージデザイナー）
入沢仁子（美容研究家）
引頭佐知（料理研究家）
佐藤千恵子（イベントプロデューサー）
中村延江（臨床心理士）

「友達夫婦」からの出発が流行だった団塊の世代も、今や50代。

仕事一筋だった夫が、少しずつ自分に近づいて、これからの人生を「相棒と歩んでいこう」と考え始めた方も、いらっしゃることでしょう。

今回の会議のテーマは、50歳を過ぎたら、夫との向き合い方を考えようと思っていたという方々の「相棒論」です。

夫を公私とものパートナーと位置づけて暮らす、パッケージデザイナーの井上陽子さん、最近夫が先に帰って、灯りの点る家にドキリとすることがあると言う、美容研究家の入沢仁子さん、不良な弟と暮らしているような気分が楽しいと話す、料理研究家の引頭佐知さん。「週末は夫の待つ家へ飛んで帰るんです。普段は仕事中心の別居結婚」のイベントプロデューサー、佐藤千恵子さん。そして、よきパートナーを見つけたいと願っている、マーケッターの阿比留みど里さんなどの方々です。

「人生は、一人より二人」とはいうものの、いい相棒探しには、いい自分づくりが大前提のようです。

いい相棒めざして、夫との新しい関係が始まりました

〝友達夫婦〟って何ですか？

「ヒッピー、ビートルズ、フリーセックス、同棲……」

これらが、団塊の世代といわれる、現在50代前半の人たちの共有文化でした。東大闘争に代表される学生運動、ギター片手にフォークソング全盛の青春時代を送った団塊の世代は、体制の束縛から自由になり、新しい道徳観に生きることを目指していました。そしてそれが、古い家族観や結婚観への反発にもつながりました。

「妻になる、嫁になる、家に入る。そういう昔ながらの夫婦には、なりたくなかったのよね」

因習の束縛から放たれた同棲を選ぶカップルもいれば、学生時代から長年つき合い続けた同級生と結婚して、〝友達夫婦〟のカタチを選ぶカップルもいました。

こうしたカップルの中には、同棲から始めたものの、年老いた親の介護に直面して、結局籍を入れた人たちもいます。また、友達だったはずが、何年かたって気がつけば会話もなく、実

は、親世代と同じ夫婦をやっていることにハッとした人たちもいます。

結局、友達夫婦って何だったのでしょう。「夫婦＝友達」の関係は成り立つのでしょうか。今回の話は、そのあたりから始まりました。

まず、「友達夫婦」に疑問を投げかけたのは、パッケージデザイナーの井上陽子さんです。

「友達は、時にはライバルになることもあるけれど、夫婦は、ライバルになってはやっていけないと思う。困った時はお互いに支え合っていかなければならないし。だから、友達と夫婦はイコールにはならないいんじゃないかしら」

井上さんにとって、夫は、どんな時も自分を助けてくれる絶対的な味方。友達というより、相棒と呼ぶにふさわしい存在です。

「友達は取り替えがきくけど、夫はそれがきかない。そういう意味では、夫は友達ではなく同志かしら」と言うのは、マーケッターの阿比留みど里さんです。阿比留さんは、ご主人を突然亡くされて、8年が経ちました。

「同志とは、泣いたり笑ったりを一緒に体験してきた仲間。歴史を共有した同志は、取り替え不可能なんですよ。亡くなった今でも、夫は同志です」

自宅で料理教室を開く引頭佐知さんは、長年入籍しないカップルとしてパートナーと同居してきました。相手の家族の行事には参加せず、今の二人の生活だけを共有する関係を続けています。そういうわけで、子供もいません。

「ケンカして、時々、出て行け！　なんて怒鳴られる。そんな時、ああ私、自由に出て行けるんだって思うんです。それが、結婚との違いかな。まあ、そのうちにねとか言って、本当に出て行ったりはしないんですが」

そんな引頭さんにとって、パートナーとの関係は、それぞれが勝手に仕事をし、同じ家に戻ってきて、それで仲良くやっていければいいか、というものだそうです。

イベントプロデューサーの佐藤千恵子さんが、「若い頃は、お互いときめきや、やきもちを焼く場面もあったけれど、40歳を過ぎた頃からは、淡々とした関係。仲はいいのだけれど、友達でもなく、夫婦でもない。強いて言えば、姉、弟のようなものでしょうか」と言えば、引頭さんも「そう、そう。悪い高校生を一人抱えているような気分かな」と苦笑いします。

仲のいい友達夫婦だったはずのカップルが、50代になって家庭内別居、という話は少なくありません。これは、友達夫婦と言えば響きはいいけれど、お互いの自立を尊重するあまり、相手の領域に踏み込まなかった。つまり、夫婦としての向き合い方をしてこなかった結果ではないでしょうか。

自立した関係でいることは基本だけれど、人生80年の現代の「これから」は、何が何でも味方である、といった一体感もまた必要だと実感します。私たち自身、いつまで健康でいられるか分かりません。夫や親たちの健康も危うくなり始めている今、一緒だからこそできる時間の過ごし方や、人生への向き合い方があれば心強いと思うようになりました。

再婚同士だという人は、結婚を決める時、「死ぬ時に一緒にいたいかどうかを考えた」といいます。友達夫婦という甘さはないけれど、そこには人間同士が力を合わせる強さを信じた決断があるように思えます。

この人って、こんな人だったっけ？

「なぜかしら。最近、夫の帰宅時間が早くなったんです」と誰かが言えば、うちも、うちも、と、けげんそうな声が続きました。

子供がいない、美容研究家の入沢仁子さんの場合、これまでは夫と夕食を食べるのも、月に2〜3回程度。「帰る家が一緒なのが、唯一の絆《きずな》」というぐらい、お互いに多忙な生活だったそうです。ところが、ここ2〜3年は、夫が自分より早く帰って、味噌汁なんかを作り、料理をテーブルに並べて「お前も食いたければ、食ってよし」などと言うのだとか。「なんだか、調子狂っちゃうなあ」なのです。

「遅くなる時でも、今どこそこにいるとか、誰々さんと一緒だ、なんて連絡が入る。今までは朝出て行ったらそれっきりの人だったのに」と、引頭佐知さんも首をひねります。

「うちの夫も、居場所が分かる人になった。この時間帯ならスポーツクラブでしょとか、あそこの飲み屋にいるでしょなどと想像できる。若い時は、いったいどこで何をしているのか、さっぱり分からなかったのに」という声もありました。

ご主人たちの行きつけの店も、この頃、会社の近くではなく、家の近くに移り始めたようです。仕事も肩書きも関係なく、ご近所の常連さんたちとワイワイやるのが楽しくなったのでしょう。

そんな夫から「駅前の店にいるから、来ないか」と誘われて、「えーっ、この人ってこんなこと言うタイプだったっけ?」と戸惑いつつも、何年ぶりかで外で一緒にお酒を飲んだという話も引頭さんから出ました。

「照れくさいのか、同じ店にいても離れた席に座るんですけどね。時々視線や声をかけ合ったりして」

仕事も一段落して、夫たちも、このへんでもう一度妻と向かい合いたいと考え始めたのでしょうか。妻たちも、なるべくその気持ちに添う努力をしています。

夫が帰ってきたのはいいけれど、ちょっと面倒な時もあります。お互いの行動を束縛しない夫婦だったはずが、最近、外出する妻を見ると「どこ行くの?」。「これって、ちょっと前なら、濡れ落ち葉なんて言われちゃう状態。あまりベタベタくっついてこられると、うっとおしいと思う人もいるでしょうね」と妻たちは戸惑います。

確かに、今さら改めて向かい合うのは、なかなか照れくさいものです。「うちの場合は、犬がいいクッション役になっている」と言う人がいました。

「夜は二人で犬の散歩に行くんですが、犬をはさんで何やかやと話もできるんです。口の悪い友人には、おたくは犬がカスガイなんて言われるんですよ」

妻の女友達、夫の男友達などを巻き込んで、飲んだりしゃべったりするのも、話が弾みます。引頭さんは、夫を含めて大勢で遊んでいると、二人の時には見せなかった夫の違う面が見られて、なつかしい気持ちになったりするそうです。

「新しいことに挑戦しようとしている夫の発展的な考えを耳にするのも、そんな場所。相手に惚れ直すことがあるとすれば、そういう時じゃないでしょうか」

50代の「惚れる」とは、この人と一緒に年をとりたいと思えること。せっかく家に帰った夫だもの、これからは、二人の未来を一緒に考えられるような関係を作りたいと、50カラット会議のメンバーは願っています。

「相棒」とよべる相手、いますか?

相棒というのは、片方がカッカしていれば「ふんふん、そうかぁ」と聞いてあげ、相手が小さな努力をすれば「すごい」と褒めて、お互いに落ち着いてつき合える間柄です。それなら、夫より友達、という人もたくさんいました。

たとえば、旅の相棒なら「やっぱり女友達が一番」と言うのは佐藤千恵子さんです。他愛のない話が楽しいからだそうで、共通の話題がある、話を聞いてもらえるということは、相棒の大事な条件なのです。

ただし、お酒を飲む時は、異性の友達を交えてワイワイやる方が、話題も新鮮です。とくに男性たちは、同性だけの集まりだと、景気の話やリストラの不安など、話題が現実的で暗くなりがち。女友達の同席はうれしいようです。

「うちの夫なんてこの頃、男と話していてもつまらない。私の女友達とおしゃべりした方が話題が広がって楽しい、と言っていますよ」と井上陽子さん。

相棒といえば、これから先の生活を共にする相方選びも、話題に上りました。「夫が先にいなくなったら、老後は女同士で住みたい」という気持ちをもらした人がいました。

それに対しては、「もちろんそれも一つの選択肢。だけど、そう簡単にいくかなあ」という感想をはじめ、「旅行なら非日常の行為だし、やがてそれぞれの家に帰ることが前提だから、楽しく過ごせる。でも、旅行と生活は違う。いくら仲良しの友達でも、生活習慣や生き方のスタイルも違うのだから、違和感があるんじゃないかしら」、「年をとれば、わがままにもなってくるしね」といった、不安の声が上がりました。

女友達は、つかず離れずの関係でいてこそ相棒の価値があるということでしょうか。

それならと提案されたのは、仲間が集まって住むグループハウス形式。日本でも最近注目されています。プライベートなスペースは完全に独立し、みんなで使えるパブリックスペースもある住宅での暮らしです。

阿比留さんは、「一年会ってなくても、まるで昨日も会ったように普通に話ができるような、自立していて、でも温かい、そんな関係の友達となら住めるかな」と考えます。

「友達は、たとえ家族同然でも、やはり家族ではない」と言う人は、夫が先にいなくなったら、ひとり暮らしを選ぶ覚悟だそうです。さて、あなたはどうでしょうか。

新しいアルバム、作りませんか？

「ひとりで暮らしている友人は、もう誰かと同じ家に暮らすなんて考えられないと言っている。体の中に異物を抱えているような気分になりそうと言うのよ」という佐藤千恵子さんの発言をきっかけに、今から結婚するならどういう形がいいか、という話に発展しました。

「経済的には自立して暮らせるけれど、やっぱりそばに誰かいて欲しい」と話す阿比留さんは、「別に結婚という形をとらなくても、一人より二人が楽しそうだから」と、相棒探しをしています。

彼女のこれまでの経験によると、この年代になってからの結婚は、別々の歴史を背負っているのだから、新しく歴史を作ろうなんて考えずに、今のお互いを見つめるといった、単純な結びつきがよさそう、というのが結論。

とくに、お互いに再婚で子供がいる場合は、相手の子供のことまで引き受けようと頑張るのは、やめた方がいいということに落ち着きました。

かく言う志垣自身、49歳で「合計100歳。今から新世紀！」などと叫んでの再婚組。双方の子供たちに散々の不安を抱かせたまま、二人の時間づくりに夢中になった経歴の持ち主です。

母の日に差し出されたカーネーションを、「それは亡くなったママに」と断って、「可愛くないね！」と叱られたこともあったけれど、その娘たちには「お父さんへの窓口だと思って、何でも言ってね」と、その後、いい関係を築いていています。

それぞれの歴史は、アルバムと同じで、本人にしか意味がないことが多いもの。人がアルバムを楽しんでいる姿は微笑ましく眺めるけれど、一緒に覗いて感動することはないのと似ています。

それでも、50代からの結婚も10年の年月を重ねると、これはこれで立派な「歴史」です。いつの間にか、お互いの体も変わり、暮らし方も変わり、子供たちが運んでくるニュースも変わって、どちらの子供からのニュースにも、ウキウキと対応しているお互いに気づきます。二人の生活のアルバムも増えて、それぞれのアルバムは押し入れの奥に隠れてしまいました。案ずるより産むが易しとはこのことでしょうか。

いくつになっても、夫婦喧嘩!?

一緒に年をとるためには、将来のこと、親の介護や自分たちの老後の問題、住まいは今のままでいいのかなど、夫と話し合いたいことが山積みです。ところが、肝心の夫はテレビの前に

マーケッター　阿比留みど里さん

あびる・みどり　1946年、東京生まれ。ウエストを絞ったスーツにハイヒールという、しっかり者スタイルなのに、「一途でかわいい」という言葉がぴったりなのです、この人。8年前に、二人三脚だったご主人が突然亡くなって、以来しんみりしどおし。それが近頃、「やっぱり、一人より二人よね。探そう！」ということに。会えば、「見つかった？」「まだ」が、私たちの挨拶代わりになっています。50代の結婚には難しいハードルがありそうだけれど、「同棲スタイルもあるからね」と、「いつかは二人生活」を掲げています。昨年、夫が残していった義母を送り、一人娘も就職しました。50カラット会議に、「やったあ！」というメールが届く日を、楽しみにしています。

パッケージデザイナー　井上陽子さん

いのうえ・ようこ　1951年、東京生まれ。「デザインの仕事も、最近はパソコンを使うことによって、時間ができたんです。その分若い人たちを育てることに力を注ぎたい」と、山梨の勝沼にギャラリー「跫音小舎《きょうおんしょうしゃ》」をつくりました。したがって、週末は勝沼暮らし。若手彫刻家たちの作品展を開き、交流の場を提供しています。平日は、「仕事の時間も一緒のだんな様とは、アフター5はお酒の時間。気分や食べたいものしだいでお酒が決まる食事で、その日を締めくくります」という、メリハリ上手です。一日の終わりのゆっくりとした時間が、こよなく好き。勝沼のギャラリーは、ぶどう畑の中にあり、冬は厳しい環境ですが、それはそれなり。火を囲んでお酒もすすみ、話に花が咲くそうです。

寝転がって、面倒な話はなかなか聞こうとしてくれません。

「話があると持ちかけても、また今度と言われてしまう。それよりうまいメシでも食おうなんて、話をすり替えられてしまうんですよ」と佐藤千恵子さん。引頭さんも「うちだって、俺は仕事で疲れて交換寸前のモップ同然でヨレヨレなんだから、七面倒なことは言ってくれるな、なんて逃げられちゃう」

それでも、懲りずに突き詰めれば、お互い気短かになったのか、話がうまく噛み合わないとついカッとしてしまう始末。夫からは「すぐ怒る」と言われ、こちらも内心「そっちだって、わけの分からないところで、急に怒り出すじゃない」とムクれる、お定まりのコースが待っています。

話していても、夫と自分の思考回路の違いに、愕然とする人もいるようです。

「重要だと思うポイントが違う。やたら数値を並べたてたり、エッ、どうしてそうなるの、ていう結論になったり。理解できないんですよ」

もっとも、夫の方も、妻が考えていることが分からないことも多いようです。

「女友達と長電話していると、よくそんなつまらない話を延々しゃべっていられるな、とあきれているようです」と笑うのは井上陽子さん。

そこで、本当に大事な問題は別にしても、家ではあんまり「とことん」までやり合わなくなったそうです。疲れているのはお互いさま。すべてを「とことん」突き詰めなくても、まあいいか。その程度の距離感があってもいいと思い始めました。

だからと言って、お互いの関係に冷めているわけではありません。議論のあげく疲れるより、お互いの違いを面白がってしまいたい。気分よく夫と寄り添えることの方が大切です。言い争っても進展があるわけでなし、結局気分の修復にエネルギーを使うだけという体験を重ねると、まあいいかとやり過ごすのも上手になるのです。

50代の醍醐味を満喫しよう

「外にどんどん出よう」――そんな言葉が聞こえてきました。50代になっても、家の中だけの狭い世界に満足しないこと、世間の決まり事よりは、自分を信じて行動しようということです。

心理学者の中村延江さんは、「今までできなかったことは、これからいくらでもできる。それが50代の醍醐味なんです。夫も妻もまだまだ元気。外の世界に、趣味や楽しみの仲間を作って、大いに自分の世界に夢中になりたいもの」と積極的になることを勧めます。

外の世界を満喫した後は、若い時と違って羽を休める場所が必要です。それが家庭やパートナー。外の世界であったことを聞いてもらったり、話したりするのを楽しみに帰ります。

「へえ、そうなの」、「すごい！　それで？」とお互いの話に興味津々になることが、相手を輝かせます。

「うちの夫も、この間、友達と一緒に開高健さんの足跡を訪ねて、ベトナムに行ってきたんです。開高さんが行ったバーも訪ねたと言うので、ちょっと身を乗りだして『すごいじゃない』と聞いてあげた。そうしたらすごくうれしそうでしたよ」

「うちのは虫が趣味で、休みには、やれボルネオだマレーシアと、採集に行くのが楽しみなようです」と言う中村延江さんは、「私は虫なんか好きじゃないけれど、夫の趣味は尊重している。いろいろ質問すると、標本を見せてくれて『この羽の部分の斑点が違うんだよ』なんて細かいことを一生懸命説明してくれるんです」と、やはり夫の世界と上手につき合っています。

「ときめくとまではいかないけれど、へえ、こんな面があったんだって夫を見直せるのはいいですね」

別に夫の趣味を共有する必要はないのです。夫は書斎で顕微鏡を覗いて、妻は自分の部屋で音楽鑑賞……そんな二人でいいのです。夫もまた妻の世界に関心を持ってくれれば、夫婦二人で輝けるのですから。

RELATIONSHIP

眠られぬ夜のための「個室づくり」

工業デザイナー　渡邉　和

最近の新聞の投書欄に、「離婚覚悟で、夫婦別室を申し出た」という50代女性の話が載っていました。一緒の部屋にいるのが嫌なのでも、相手がきらいなのでもないけれど、年のせいで眠れない、眠くならない夜が頻繁にあるようになった、というのが理由です。

「離婚」を覚悟して口に出したということに、日本の夫婦ならではの暮らし方と夫婦関係が見えて、妙に緊張させられた投書でした。

50代からの暮らしに起きる変化は、いろいろありますが、その一つが、個室が必要になること。それも、昼間はともかく、夜の個室が、切実に欲しくなるのです。

40代までは、思いもかけなかったことですが、とにかく「バタンと倒れ込んで、朝までぐっすり」などということは少なくなる。すっきり眠れても、三、四時間すると目覚めて、しばし眠れずに悶々とした時間を過ごす。そんな体験を、避けて通れない人が増えてくるのです。

そこで、問題となるのが「不眠の時間をいかに過ごすか」ということ。不眠を楽しみに変えるのは、何かをする時間に変えることしかありません。そのためには、明かりをつけ、音も立てることになる。「夫婦がそれぞれ個室を持った方がいい」根拠は、ここにあります。眠れずにゴソゴソしてしまう状況は、相手の不眠をも誘ってしまうし、ご機嫌を損なうはめにもなりかねません。

夫婦がお互いにプライベートな空間を持つ「個室づくり」を、以下のポイントを参考に進めてみてはいかがでしょうか。まずは、無理なくできる範囲でプランを練ってみてください。

1　子供部屋を取り返そう

子供の独立後も、子供部屋をそのままにしてある家は意外と多いものです。ここは思い切って夫婦中心の発想に切り替え、妻や夫の私的空間に活用しましょう。

18世紀ロンドンのタウンハウスでは、女性がドレス部屋ともよばれる「婦人部屋」を持ち、一方男性には、家長が優先して使える「書斎」が確保され、食後の談話室にも使用されていました。

女性は服などの持ち物が多いことからも、妻が広いスペースを確保することは、理にかなっているように思えます。今回の「個室づくり」でも、夫婦の寝室として使っていた広めの部屋に妻のプライベートな空間を作り、子供部屋などを夫のスペースに当ててはいかがでしょう。

2「自分だけの光と音」を確保する

夫婦といえども、眠れない、眠くない時間帯は、別々にやってきます。どうせ眠くないのだから、読書もいいけどリラックスできる音楽を聴きたい、パソコンでも覗いてみようかという機会も増えてきました。

そのためにはやはり、自分だけの光と音を楽しめる場所が必要です。子供部屋など、使っていない部屋がない場合は、思い切って夫婦の寝室に仕切りの壁をもうけるのも一つの手です。

工事費に加え、ベッドを各自用意するなど、多少の出費はかかりますが、それによってもたらされる楽しみを考えれば、一考する価値はあるかもしれません。（101ページの図、左下参照）

3「SOHO」を意識した改造案

パソコンの普及に加え、年齢的にも仕事の進め方にマイペースが許されるようになり、家庭に仕事を持ち込むようになった人もいます。

巷ではSOHO（small office home office）が注目されていますが、ホームオフィスとは言わないまでも、仕事コーナーの確保が必要になってきました。

書斎専用の場所がとれないのなら、リビングダイニングのテーブルを書斎がわりに使う方法もあります。リビングの隅にソファベッドを置いて、夜は寝室兼書斎として使ってし

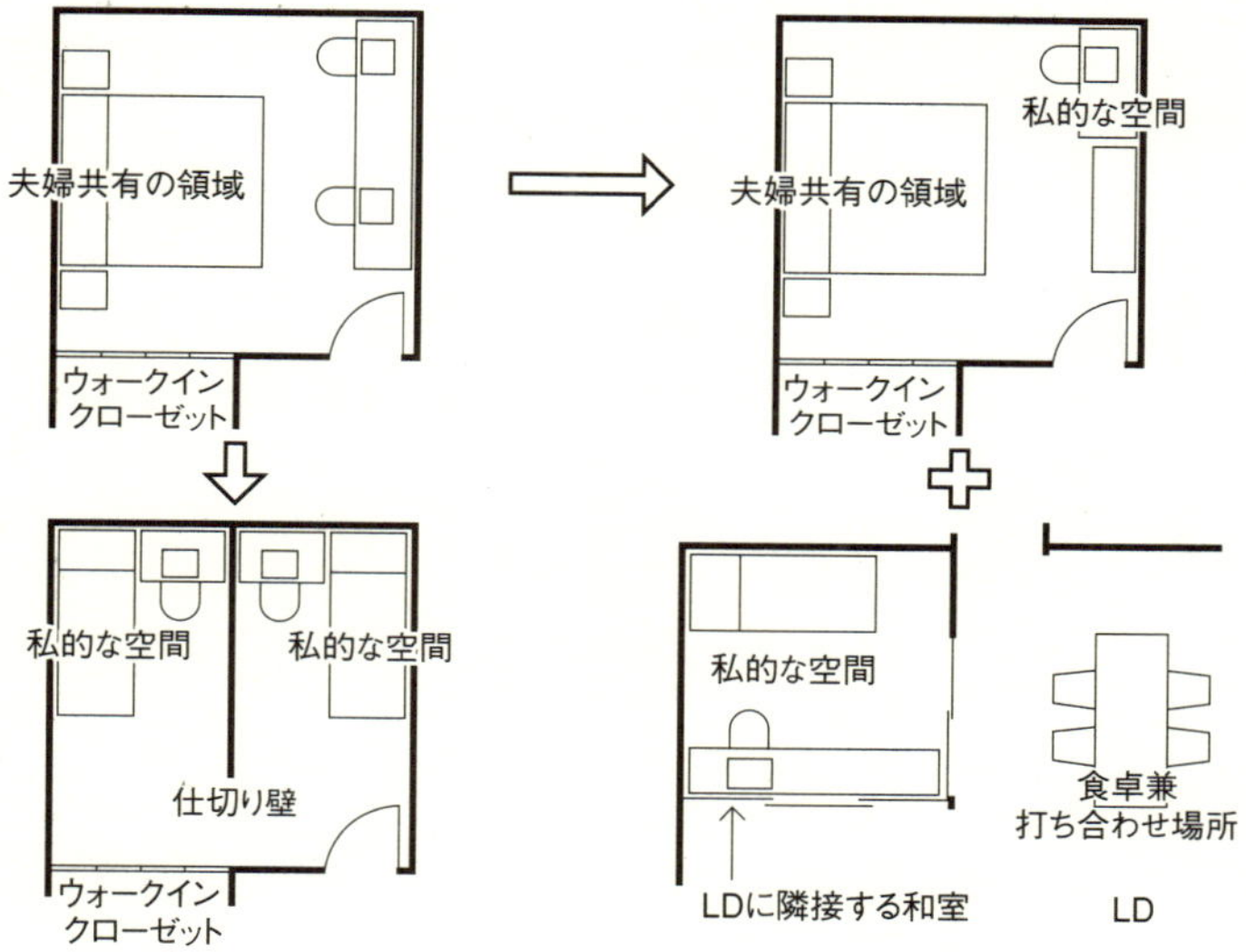

まうのです。隣接する和室がある間取りなら、和室に布団を敷いて寝室にしてもいいですね。（上図、右参照）

眠れない夜の楽しみは、読書やパソコンだけではありません。刺しゅうや編み物に時間を忘れる人、ガーデニングの設計をする人、大学の通信講座で学ぶ楽しみを見つけた人など、誰にもじゃまされない夜の時間づくりは、50代の間で密かに進行中です。

プライベートな空間づくりは、その気になれば工夫しだいで、意外と簡単にできます。

あなたの場合は、どの方法に可能性がありますか？

50's DATA NOW

■テーマ 「これからの人生の相棒について」
■アンケート対象者 首都圏の50代女性211名
■実施期間 2001年3月

Q あなたご自身は、「友達夫婦」だと思いますか？

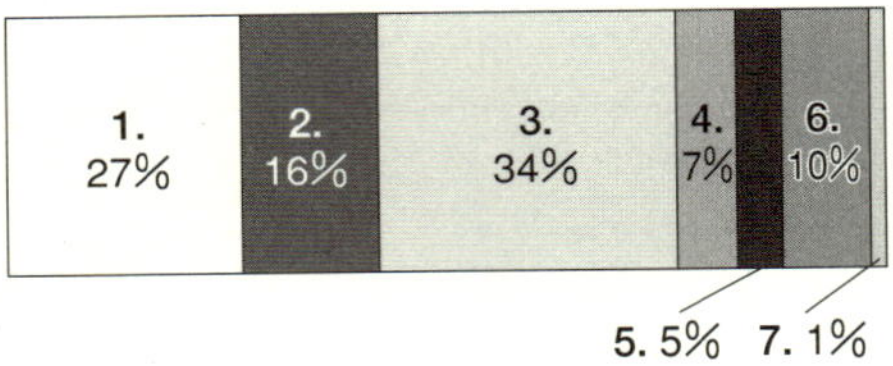

1. 27%
2. 16%
3. 34%
4. 7%
6. 10%
5. 5%
7. 1%

1. 「友達夫婦」である
2. 「友達夫婦」を目指している
3. いいが、「友達夫婦」ではない
4. 夫婦と友達は違うと思う
5. 分からない
6. その他
7. 無回答

Q 「これからの人生に向けて、夫と共通の時間を楽しめるように努めたい」と思いますか？

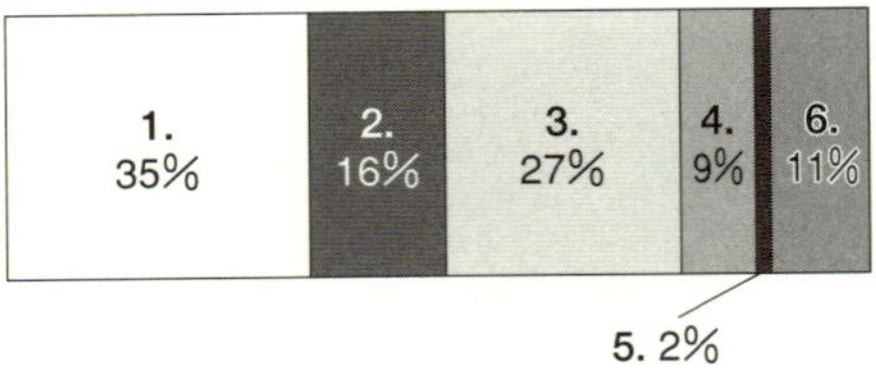

1. 35%
2. 16%
3. 27%
4. 9%
6. 11%
5. 2%

1. その通りと思い、そうしている
2. その通りだと思い、計画中
3. そうだが、なかなかうまくいかない
4. 別々に楽しめばいい
5. 分からない
6. その他

友達夫婦のイメージって？

●それぞれが自立し、相手を認め合った上で対等の関係にある。
●他人と一緒の時でも、夫婦一単位ではなく独立した人間であること。
●何よりも一番の理解者であり、何でも話せる人生のパートナー。
●ある一時期の共通の楽しい思い出を共有している、同志のような関係。

女同士の魅力は何ですか

●気の合った女同士は、どんなつまらない、くだらない話でも気軽に話せ分かり合える。気持ちがスッキリします。
●女同士だと涙が出るほどおかしい話題でも、夫は「ちっともおかしくない」と言う。感性が異質なのでしょう。
●女同士の方が話しやすい話題があります。料理、更年期、老後のことなど。

〈アンケートの記述から〉

part 5
partner

50代男性たちの「本音トーク」

50代女性たちのストレスや、更年期の体とのつき合い方を話し合った際に、「ところで、夫や同輩の男性たちは、50代をどう受け止めているのかしら」と気になりました。とくに、体力が活力の源だと信じてきた人が多い男性たちが、今何を感じ、考えているのかを聞いておくことは、これからのパートナーとして必要だとも思えました。

そこで、50カラット会議では、アパレル会社の経営者、弁護士、大学教授、海外勤務が長かった会社員という、それぞれ違ったライフスタイルの50代前半の男性4人からお話をうかがいました。

女性たちとの一番の違いは、自分たちが「50代の体」になったことを、なかなか受け入れられずにいることでした。

最近は、「男性の更年期」も話題になり、男性たちも、自分の体の声に従う暮らし方に関心を持ち始めています。子供の独立や家のローンが終了するのを機に、自分の今後を考える時、健康であることの重みが見えてきたようです。

親の姿は明日のわが身、80歳まで頭も体もきちんとしておかなければと、自分流の暮らし方も探り始めています。男性たちの「声」に、しばし耳を傾けてください。

男の座談会
人生の変わり目を、どう捉えてますか？

漠然と「トシ」を考え始めました

会社員　満員電車で、若い人と背中と背中がぶつかり合うことがありますよね。そうすると「若者の体温は高いな」と最近感じるんです。熱いんですよ。体に触れるのがちょっとイヤなぐらい。そんな時に、自分はもう若くないんだと気づかされます。

教授　私もやはり、体力はかなり落ちたと実感しますね。最近やけに「おじさん」臭くなりましてね。テニスをやってもすぐ息切れ、エアロビをやっても、すぐ息が上がってキツくなる。

経営者　分かります。私も、これは何とかしなければと、3年ほど前からプールに通うようになりました。朝の6時半から8時まで泳いで、それから会社へ行く。泳ぎ始めてから、多少体力は回復したかなという感じです。

会社員　私は32年間のサラリーマン生活のうち、22年間が海外でした。その間、趣味も何もなく、ただがむしゃらに働いてまいりまして、昨年帰ってきてガクッときました。トシだなあと気がついたんです。一つは、朝の通勤電車ですね。あれ、必ず一本待つようになりました。若い頃なら押し合いへし合いでも乗ったのに、それができない。走ればゼイゼイしちゃうし、足が突っ張るし（笑）。これはもう、何事にもゆとりを持って行動するしかないと考えています。

弁護士　私なんかも、ある朝、電車の網棚にカバンを置こうと腕を上げたとたんにビリッときましてね。医者に行ったら五十肩だと言われました。以来、非常に体調が悪い。夜はあまり眠れないし、それが続くと頭痛はするし、肩も凝る。

経営者　同じです。若い頃はどうしてあんなに眠れたんだろう。私の場合、何もなければ、夜は10時ぐらいに寝るんですが、夜中の1時か2時にはもう目が覚める。ヒマだから、テレビショッピングの番組なんかをずっと見てしまって、しまいには買わされるんです（笑）。

教授　酒を飲めば、翌日辛いし。

会社員　飲んでも、二次会なんか行きませんね。早く家に帰って寝たい気持ちが先行します。

経営者　後は、物忘れが激しくなりました。鍵をちょっとそこに置いたんだが、「そこ」とはどこだったたか、など。

教授　あります、あります。威勢良く階段をタタタッと降りたのはいいんだけれど、「あれ、何しに来たんだったかな」という始末。あんまり忘れるんで、最近じゃ常にメモをとるようにしているんですよ。ところが、そのメモ帳の置き場所を忘れちゃったりして。

会社員　集中力のようなものはなくなりましたね。

弁護士　集中力は、体力と関係していると思うんです。体力がなくなると何もかも面倒臭くなる。私などはもう、難しい仕事を時間をかけて解きほぐしていくことが面倒でね。昔は、カミソリで白身魚の薄造りを作るような緻密な仕事ぶりだったのに、今は出刃包丁でバッサバッサ斬るが如し。若い弁護士さんに言い訳するんです。「僕だって、昔はシャープなところがあったんだよ」と。体力がなくなったら、集中力も持続力もなくなってしまったんですね。

経営者　好きなことでも、面倒臭いなと思うとやりたくない。女性とお酒を飲みに行くのも、どうでもよくなってしまった。

弁護士　デート？　もう、けっこうですとかね（笑）。

会社員　それから、老眼が始まると、急激に、集中力が落ちるような気がします。50歳を過ぎてパソコンを始めたんですが、マニュアルの小さな文字を見ただけで、「もう、やってられん」という気持ちになる。そうすると気力も萎えてしまうんですね。

教授　よく息子と本屋へ立ち読みに行くんですが、眼鏡をかけたりはずしたりが面倒。息子は1時間ぐらい集中して立ち読みしますけど、僕は、写真集なんかをパラパラッとめくっただけで、「早く帰ろう」なんて言ってますからね。我ながら愕然とします。

経営者　何か、もの悲しいようなね。私も、40代までは仕事もものすごく忙しくて、やりたいこともたくさんあった。それが50代になった時に、「もうひと通りのことは経験したな」、「これから先は、これまでやってきたことの繰り返しだな」と思ったんです。それで気力がなくなって、いろいろなことに対して消極的になってしまった。プールで泳いでるだけじゃ面白くないから、これはどうにかしなければとは思うんですけどね。

男性にも、更年期はある？

弁護士 先ほどお話ししたように、私の場合、五十肩に始まって、いろいろな体の不調が一気に出てきました。頭痛に不眠、肩凝り。ひどい時は吐き気までして、事務所に行きたくないという状態です。それで病院へ行ったら、医者が「あなたは鬱《うつ》だ」と言うんです。薬も出すし、カウンセリングもしましょうかと勧められた。しかし、私、言ったんです。「先生、これは絶対更年期障害ですよ。更年期からくる鬱なんです。そこんとこ、ちゃんと考えて治療してくださいよ」って。医者は「えっ」という顔をしてましたがね。

会社員 なぜ更年期障害だと思われたんですか。

弁護士 たとえばある時、体がカッと熱くなって汗をかく、呼吸が苦しくなる。そういう症状があるんですね。これは、話に聞いた女性の更年期障害と同じではないかと思ったわけです。

経営者　うーん、それは、私が医者でも、鬱と診断してしまうかもしれないなあ。

弁護士　私はバカ言って人を笑わすのが唯一の趣味ぐらいで、まあ、性格的にいっても、鬱ではないと思うんです。

経営者　誰だって、仕事で問題にぶち当たったりすれば、精神的に痛めつけられて体に出ることがある。それを「更年期障害」と考えるのは、私はちょっと抵抗があるんですよ。

弁護士　だから、医者も鬱と診断するんですね。

会社員　最近、新聞や週刊誌でも、時々「男の更年期」という言葉を見かけます。しかしどうもそれは、長寿時代になって、話題作りにマスコミがひねり出した造語という感じがする。それを押しつけられるのは、あんまり愉快じゃないですよね。

教授　男の更年期かどうか調べるチェックリストっていうのがあるんです。それを見ると、僕なんか20項目の内4つぐらい当てはまってしまいます。でも、僕の場合は更年期より太り過ぎの方が気になるかな。

人生の折り返し地点は……

弁護士　個人差があると思いますが、私の場合、若い頃から体力もなかったし、今も怠け者で体を動かさない。もともと、他の方のように元気がないんですよ。ですから、「男の更年期」を素直に受け入れて、今は、もうそろそろ人生の折り返し地点だと自覚しているんです。これからは、墓場に向かっていくだけの余生じゃないかと。そのために、50代のうちに早めに第二の人生を考えようかと思っている。お好み焼き屋の大将でもいい。今までのものをぽんと投げ出して、全く違う人生を生きてみるのも、面白いかなと考え始めました。

会社員 私のようなサラリーマンですと、折り返し地点をもっとも切実に感じるのは、後輩に追い抜かれた時なんです。だいたい50歳から55歳の間に、抜かれる人は、抜かれてしまう。そうすると、部長の肩書きはあっても、部下がいなくなるんですね。そこで、自分はもう山を登る人生ではなく、下る人生に入ったんだということを思い知るわけです。

教授 学問の世界では、30を過ぎてやっと最初の一歩が踏み出せるようなところがありましてね。40歳、50歳はまだガキ扱いというのかな。人生のスタートラインが、他の人より10年遅れているから、折り返し地点も多分ズレているんだと思います。お恥ずかしい話ですが、いつまでも若いつもりで、ヘラヘラとやっているわけです。ところが、高校時代の同級生で親友の一人が、定年が前倒しになって子会社へ移ったという。第二の人生だと言うのですね。それを聞いて、自分はこれでいいのか、ちゃんと先のことを考えなきゃいけないんじゃないかと、やっと思いました。

会社員　やはり、サラリーマンは、60歳で定年がくるのは分かっていますからね。役員にならない限りは、会社に居たくたって、絶対に残れない。そういう意味では、第二の人生を考えざるを得ないところがあるんです。しかも、我々の世代からは、年金も63歳になるまでもらえない。60歳で定年になって63歳までどうしようか、家でブラブラしているわけにもいかんだろうと考えてしまいます。

弁護士　そういう話は、ご家族となさるんですか。

会社員　会社の同期の人間なんかと話しますね。同期の中でも役員になれるのは、せいぜい30人にひとり程度。あとの29人はみんな「出ていけ」と言われる立場です。今まで蹴飛ばされたり、踏みにじられたりもしたけれど、そこでやっと話が合うようになるわけです（笑）。「お互い60歳になったら終わりだな。お前、どうするんだ？」と。

経営者　経営者の場合は、いつも「明日はどうなる」という危機感を持っているんですね。40歳だって自らをクビにするような状態を招いてしまうこともある。ですから、60歳という年齢が第二の人生の目安にならない。何か未来は非常に漠然としていますね。

教授　僕なんかは、若い頃から低空飛行でずっとそのまま。上り坂という意識もなかった代わりに、下りに入った自覚もないというところでしょうか。学生に「刑事コジャック」の話をして通じなかった時や、ダジャレがウケなかった時なんかは落ち込みますが（笑）。

経営者　人生の区切りを感じたのは、子供が独立した時でした。実は、離婚を経験しているもので、子供3人を育てて学校を卒業させるまでは、気を抜けなかった。学費をちゃんと払いきった時は、本当にホッとしました。後は自分のことだけですから、そこから第二の人生が始まったといえば、始まったのかもしれません。

弁護士　私は、4年ほど前に女房を亡くしたんです。そこで生活がガラリと変わったということはありますね。自分の生命保険も、ちゃんと家族に残せるようにと考えていたのが、もう必要ないからと最小限のものに切り換えましたし。これからは、自分で自分の人生を考えていかなきゃいけないと。女房を亡くしたことで、人生の目標が変わったといいますか、変えざるを得なかったというところです。

教授　人間関係もだんだん変わってきますね。学生時代の同級生で頻繁に集まるようになったりですとか。みんな職業も全然違うし、違うから利害関係がなくていい。山登りをしたり、温泉に行ったり。もう先も見えてるし、無理したってしょうがないからと休暇をとってね。

弁護士　部長や支社長の肩書きがある友人で、「休んで、ゴルフ行こうよ」と誘えば、すぐに「うん」と言ってくれるやつも出てきましたね。

妻の重荷にはなりたくない

会社員　50代に入って一番変わるのは、家族との関係じゃないでしょうか。我々のように仕事、仕事で突っ走ってきた男たちが、突然家に帰ってきてしまうわけです。これまで30年かけて作ってきた妻と子供中心の生活があったのに、そこへ突然ダンナが入ってくる。妻にとって、これはものすごく苦痛ではないかと。私なんか、ここへ戻ってきちゃいけないいんじゃないかなんて思ってしまう。それで、変な気のつかい方をしましてね。毎日早く帰ったら夕食の支度が大変だろうからと、用もないのに、週に一回は外で済ませてこようとか（笑）。

教授　うちも似たようなものです。週末は、息子を含めて家族みんなで夕食をとるというのが習慣だったのですが、最近、妻は、それが疲れるって言うんですよ。僕も息子も「さあ、何を食べさせてくれるの」って気合が入ってる。それがプレッシャーだって言うのですね。子供が小さい時はよかったけれど、大きくなると主張もするし存在感もある。子供がドーンといて、僕がドーンといる。「もうダブルで疲れる」と、こうくるんです。

会社員　別に、食事の内容に文句をつけるわけじゃないんですけどね。

教授　そうです。でも、何かそれなりの料理を作らなければと思うと、妻なりに気苦労があるんでしょうね。

弁護士　皆さん、聞いてください。先日、夫を亡くして相談に来たクライアントの女性が言っていました。亡くなってまだ一週間なのに、「夫がいなくなって、ホッとしました」と。これはちょっと、小耳にはさんでおいてくださいね（笑）。

会社員　いや、本当に。そうならないように、というわけでもありませんが、私なんか土日は、いかに妻に奉仕するかを考えています。二日のうちどちらかは、妻と二人で出かけるようにしているんです。買い物でもなんでもいい。必ず一食は一緒に外食する。妻にすれば、平日は朝晩二食で済む食事の支度が、土日は朝、昼、晩で六食でしょう。だから、できるだけ負担にならないようにしなければと。

弁護士　それは涙ぐましい。

会社員　サラリーマンやって、ずっとバタバタして30年が過ぎてしまいました。妻にはあまりいい経験をさせてあげられなかったという思いもある。まあ、60歳になった時に捨てられないようにという気持ちもあります（笑）。

今から腹をくくっておきたい

教授　食事の面では、ただでさえ妻にお世話になっているんですから。

会社員　ええ。子供も成長してしまって、後は夫婦二人きりなんだから、夫に長生きして欲しいという気持ちもあると思います。夫の健康管理は自分の責任と考えているようで、食べるものにはかなり気をつかってくれています。健康診断の一週間前ぐらいなど、もう大変ですよ。悪い結果が出ないようにと、油ものは禁止で、野菜をたっぷり。その結果も、すごく気になるようです。

教授　うちでも言われます。僕はダイエットで中性脂肪を減らさなきゃいけないから、夜9時以降はものを食べないように、あとフライ物は禁止と、それはもうきつく言い渡されています。でもね、外で昼食をとる時には、安い食堂へ行くでしょう。そうすると、だいたいメニューは、魚のフライとかコロッケですよ。だからつい食べてしまう。それに、甘いものも好きですからね。

経営者　私もです。食事の後にはデザートを食べます。ケーキもアイスクリームも大好きなんですよ。

弁護士　普段は自分で料理をなさるんですか。
経営者　はい。長年ひとりでやってきましたので、子供が食べたいと言えば、カツ丼でも餃子でも何でも作る。友達を呼んで食べさせたりもします。あまり栄養面では気をつけていませんが、毎日野菜ジュースだけは飲んでます。日本蕎麦は血液をサラサラにして血圧を下げると聞けば、食べてみたり。
教授　血圧は、僕も高いんですよ。検査される時は、深呼吸してからやるとちょっと下がる。そういう技を使ってみたりね。
弁護士　私はあまり食欲がないんです。朝は、梅干しか奈良漬け二切れ程度で、お茶漬けを軽く一杯。夜は、飲み屋でちょっとつまむ程度。昼だけは秘書がお弁当を作ってくれるようになったので、この頃はちゃんと食べています。以前は、カップラーメンを食べたりしてましたからね。本当に食べなくて、太れないのが悩みです。
会社員　健康食品なんかも、妻のすすめで試すことがあります。どこかから情報を仕入れてくるんでしょうね。「ブルーベリーがいいらしい」とか「今日は黒酢を使った料理を作ってみた」などと、いろいろ考えてくれているらしいです。
経営者　そういえば、私も、友人が「ウコンを飲み始めたら、酒を飲んでも酔わなくなった」と言うので、今飲んでいますよ。効いているのか効いてないのか分からないですね、ああいうものは。

教授　健康なのは当たり前と思ってきましたが、やはり、このトシになると健康情報も気になり始めますね。週刊誌の健康情報なんかも、真面目に読んでしまうし。

会社員　うちのお袋が88歳で元気なんです。お袋を見ていますと、歯が丈夫であれば長生きするんだと思えます。私も、歯が全部揃っていて虫歯もないのだけが自慢ですが、果たしてこのまま元気で生きていられるかどうか。

弁護士　しかし、私は長生きしたいとは思わないですよ。テレビで介護の番組などを見ていても、ああなったら大変だと。

会社員　それは同感です。体が丈夫な間は楽しんで、ある日ぽっくり死にたい。

経営者　アルツハイマー型痴呆になるのだけは困ります。

弁護士　そうですね。よく思うんです。年寄りの姿は、将来の自分の姿だと。みんな「ボケたくない」、「ぽっくり逝きたい」と言いながら、結局寝たきりになったりね。ですから、自分もいつかはああいうふうになるんだと、今から腹をくくっておくべきかと。

教授　だんだん暗くなってきた（笑）。男はこんな弱気なのに、見てますと、やはり女性は元気ですね。

PARTNER

「男の更年期障害」チェックリスト

更年期といえば、これまで女性特有のものと考えられてきましたが、最近では男性にも更年期障害があると言われるようになりました。

男性にとって、50歳前後は仕事や家庭のストレスや、体のトラブルを抱えやすい時期。それに加えて、男性ホルモンの減少などの影響で、さまざまな症状が現れるというのです。

生活を共にしていても、案外パートナーの不調には気がつかないもの。次のような症状に心当たりはありませんか？

以下の項目について、「いつもある」4点、「しばしばある」3点、「時々ある」2点、「めったにない」1点、で採点してみてください。結果が30点以下は安全圏、31～40点は境界領域、41～50点は要注意、50点以上の場合は、男性更年期障害が疑われます。

気になる場合は、早めに専門家に相談した

方がいいですね。

❶身の回りに多くの変化がある
❷人間関係に問題が多い
❸精神的ストレスで悩んでいる
❹夜、よく眠れなくて悩んでいる
❺手慣れた仕事も手につかない
❻やる気がなく、集中力が低下した
❼感情が不安定で興奮しやすい
❽つまらないことで泣きたくなることがある
❾さびしくて不安感がこみ上げてくる
❿毎日の生活に張り合いがなくなる
⓫理由もないのに疲労感がある
⓬異性に対して性欲がなくなる
⓭動悸、息切れ、めまいがある
⓮口乾、多汗、のぼせ、ほてりがある
⓯食欲低下、体重減少で体力がない
⓰下痢や便秘に悩まされている
⓱頭痛、腰痛、肩こり、関節痛がある
⓲頻尿のため、夜間トイレに起きる
⓳尿意ががまんできず、もらしてしまう
⓴尿が出にくく、時間がかかる

（関谷透・初台関谷神経科クリニック院長作成「男性更年期障害度自己評価表」より）

50's DATA NOW

■テーマ「50代男性の体と暮らしについて」
■アンケート対象者　全国の50代男性149名
■実施期間　2001年7月

Q 50代になって体で「アレッ」と思うことがありますか？

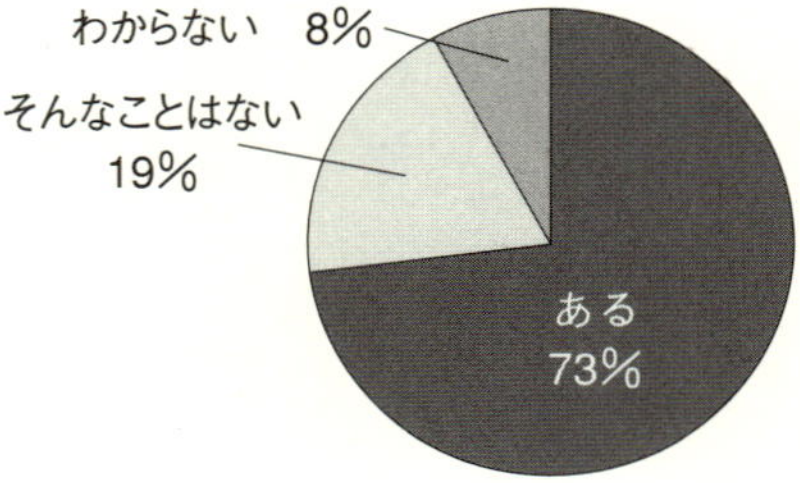
わからない　8%
そんなことはない
19%
ある
73%

Q 男の「更年期」についてどう思いますか？

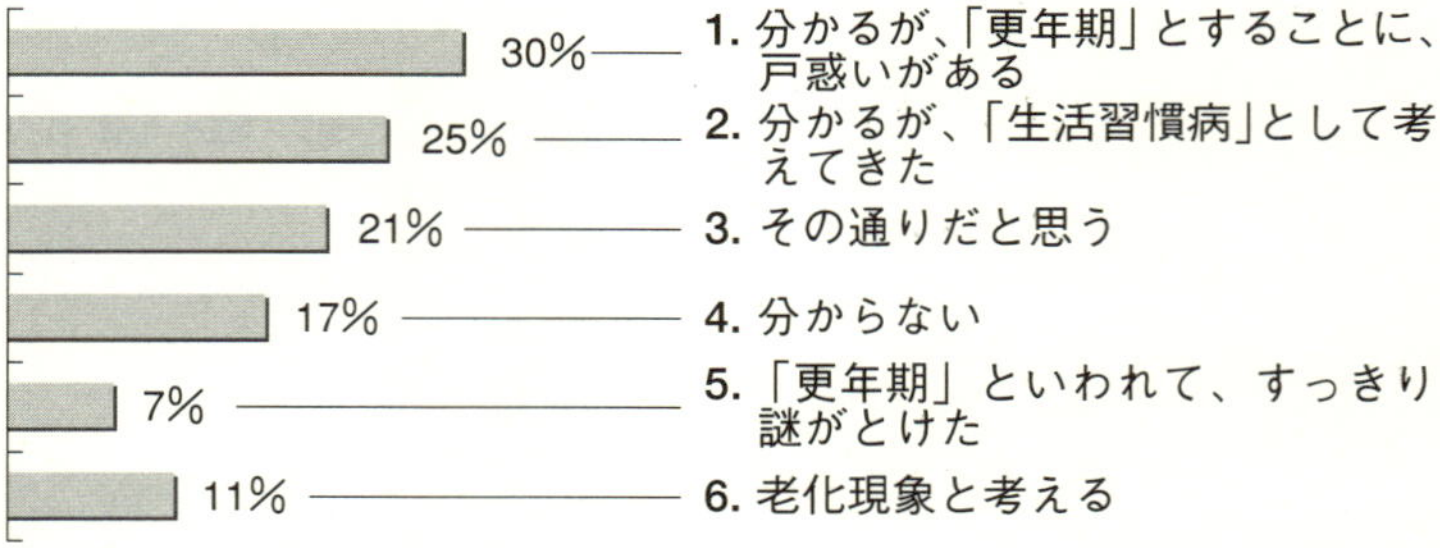
30%
25%
21%
17%
7%
11%
1. 分かるが、「更年期」とすることに、戸惑いがある
2. 分かるが、「生活習慣病」として考えてきた
3. その通りだと思う
4. 分からない
5. 「更年期」といわれて、すっきり謎がとけた
6. 老化現象と考える

40代までの生活は？

●家庭より仕事を第一と考え、精一杯生きていた爆走期の時代。悔いはない。

●好きなだけ飲み、煙草を吸い、ろくろく眠らず、仕事も休まず、働いた。

●家で晩飯を食べるのは、3カ月に2回ぐらいか。

●多少無理をしても、翌日に疲れを残すことはなかった。

うれしかった妻の心遣い

●五穀米で栄養のバランスを考えてくれたり、無農薬野菜中心の食事を用意してくれる。

●毎晩夫婦で飲んでいたのを、妻も週1、2回休肝日を守ってくれている。

●仕事面で行き詰まった時、妻や娘が気遣って励ましてくれたことが一番うれしかったし、勇気づけられた。

〈アンケートの記述から〉

50代のキレイは、「気持ちいい」のしるし

part 6
beauty

出席者

入沢仁子（美容研究家）
片向紀久子（編集者・ライター）
川村多実（エステティシャン協会代表）
小林照子（美容研究家）
佐藤千恵子（イベントプロデューサー）
塩沢圭子（アートディレクター）
清水聖子（ジュエリーデザイナー）
高城順子（料理研究家）
高戸ベラ（リラクサイズ協会代表）

30代までを高度成長期、40代にかけてはバブル全盛期という経済の波を全身で受け止めてきた50代。次から次へと繰り出される商品のおかげで、化粧品もファッションも、快適な家づくりも、モノには不足のない暮らしを続けてきました。キレイで気持いい自分づくりの方法を身につけて、50代を迎えた人も少なくない世代です。

でも近頃、日常のいろいろな場面でドキッとするような事柄が増えてきました――久々に取り出した指輪がきつかったり、ヒザのくすみを発見して愕然としたり、少し前までは一晩眠れば消えたはずの疲労が顔にはりついたままだったり……などなど。

さて、どうする？　ということで、三人の美容研究家を中心に、美容に関心の高い雑誌の編集者やライター、キレイなもの大好きなデザイナー、ＴＶ映りが気になる料理研究家たちが集まり、50カラット会議が始まりました。

美容研究家の方々は、「肌は愛してあげれば、必ず応えてくれます」と自己愛を勧める小林照子さん、「自分という素材を、なりたい自分にしていく努力が必要」と、ご自分でもスポーツクラブに通い、自らを磨くことを忘れない川村多実さん、化粧品会社の美容研究員たちにメイクの指導もしている、「仁くすのき」さんこと入沢仁子さんです。

いくつになっても、大丈夫
心意気で「キレイ」に

今の50代は、流行の先端を歩いてきた

「ミニスカートから、パンタロン、マキシ……。いつだって流行を追いかけていたわね」

「そう。誰よりも早く流行を取り入れたくて、まだ寒い時期に春色のミニスカートをはいて出かけたりして」

「化粧品は当時流行の『マックスファクター』。マニキュアは、発売されたばかりの『レブロン』の赤。母親には『派手ねえ』なんて眉をひそめられたわ」

20代を振り返って、このような言葉が次々と飛び出しました。

雑誌『女性自身』の表紙にツイギーが登場した時代に、青春真っ盛りだった今の50代。一九六〇年の東京オリンピック後に迎えた、経済の高度成長期。次々と発売される美容商品の情報にも、好奇心旺盛でした。

「紫外線対策用」、「敏感肌用」など、用途別に細分化された化粧品には、「良さそう」、「試し

てみたい」と積極的に反応し、広告のキャッチフレーズを見ると、とりあえず買ってみたい気持ちが勝ちました。

そんな風にモノに鍛えられた分、モノに対する選択眼には、それなりの自信があります。年齢とともに枯れていくのが当たり前とされていた先輩たちとは違い、今の50代はいつまでもオシャレで若々しく、元気な自分でありたいと強く願っています。

毎日の服装に流行を取り入れたり、化粧品を買う時のワクワクした気持ちは、20代の頃とちっとも変わっていない――それが会議に集まった人たちの、いつわらざる気分です。

こんなはずでは……

ところが、実際50代になってみると、〝いつまでもキレイ〟という自信に、赤信号が点り始めました。

「ちょっと夜更かしした翌日、昨日まではなかったシワを発見して、大ショック」

「まるで古い家具のように、くたびれてツヤがなくなったお肌に、ある日ふと気づいた」

「昨日まで使っていたパウダーファンデーションのノリが、急に悪くなった」

「写真の中の二重顎《あご》にガックリ」

美容研究家　入沢仁子さん

いりさわ・きみこ　1948年、福島生まれ。最近、化粧品会社の美容研究所を退職して、フリーに。時間を自由に使って仕事をするって、こんなに素敵なことだったのかと、かみしめるように仕事に取り組んでいる様子が、見ていて嬉しくなります。新しい活動名は、「仁くすのき」さん。夫と自分、それぞれが仕事に夢中だった時期を過ぎて、お互いに振り返りながら、自分の時間に向かっていく生活が「なんだか、再びハネムーン」の感じ、なのだそう。「老眼って、家のあちこちにメガネが必要。バスルームには、100円ショップで見つけたのを置いているのだけど、それがまた、かわいいのよ！」と、いつもファッションがキマッているこの人の口から聞くと、100円ショップを見直してしまいます。

アートディレクター　塩沢圭子さん

しおざわ・けいこ　1941年、横浜生まれ。「仕事柄、こんなおばさんと仕事しているのかと思わせちゃ、悪いでしょ。いつでも自分にドキドキしていたい、周りからもドキドキしてもらえる自分でいたい」と日々努力しているとおっしゃるけれど、本当にキレイ。体力の衰え、肌や髪の変化に不安を感じたら、すぐできる解決法を取り入れるし、3カ月の定期健診も欠かさないという話をうかがうと、仕事大好き人間の体管理はかくあるべしと脱帽します。お会いする度に楽しみなのは、ヘアスタイルや服装に光る色彩感覚。生来の感性と仕事で磨かれたセンスなのでしょう。どんな恋を重ねたのか、どんな育児をしたのか、とても気になる人です。

など、こんなはずではなかったのにという厳しい現実にぶつかりました。

料理研究家の高城順子さんは、ある日忽然と手に姿を現したシミを見て、こう確信したそうです。

「若い頃は、ジャージャー油を飛ばして威勢よく料理していたのよね。だから、このシミはあの時飛んだ油の跡に違いない」

アートディレクターの塩沢圭子さんも言います。

「鏡を覗いてシミを発見したら、すぐ皮膚科に行きます。本格的に定着する前に手を打てることがあるかもしれないでしょ」

古傷がいっぺんに出てきたような、「もう何も包み隠せません！」と悲鳴を上げているような……。50代の肌は、そんな変化を見せています。

変わりつつあるのは肌だけではありません。髪だって同じです。

「若い頃、長い髪をサッと後ろに払う時のサラリとした感触が好きだった」と言う人も、50代になって、弾力のない髪がモッサリと手にまつわりついてきた時のショックは忘れられません。薄毛になったという人は、お気に入りだったいつものヘアスタイルが決まらずに、ショックを受けたそうです。

美容研究家の小林照子さんによれば、「女性は30代、40代までは、子供を産む性としてホルモンの恩恵を受けている。ホルモンが、肌や髪の美しさを守ってくれていた」のだそう。けれど、ホルモンが減少し始めて、その恩恵が途切れたとたんに、「今までのツケがドッと回ってくる」というのです。

メイクを落とさずにそのまま眠った夜、若さに任せての夜更かし、不規則な食生活など、今さら悔やんでも始まらないけれど、まだまだイケると張りきっていただけに、突然のことに自信を喪失してしまいます。

「こんなはずではなかった」——。50カラットの輝きを保って暮らしていきたいだけに、50代の女性たちはちょっと慌てている、というのが実情です。そして、それは各方面で活躍し、いつも輝いているように見える女性たちとて、例外ではないようです。

いくつになっても指輪の似合う手に

話題は、肌や髪の話から、手足のことにまで及びました。白くてふっくらしていたあの頃の手はどこへやら。

「最近は、手の甲がくすんで黒くなってきた」

「節々が太くなって、血管が浮き出てしまう」

「爪が割れたり反ったりして、すっかりオバサンっぽい手になってしまった」と、嘆き合いは続きます。

顔はお化粧でカバーできるけれど、手はまったく始末に負えません。電車のつり革にかけていた手にドキリとしたことが何度あったでしょうか。

筋肉がたるんだ脚や、ひび割れてガサガサになったかかかとも気になります。

「夜寝る前に、クリームを塗って靴下をはいて布団に入るのですが、朝起きたら全部脱げていて効果なし」と笑う人も。

もともと、ミニスカートを謳歌してきた世代です。だからこそ、脚には思い入れも強いもの。「祖母から『五枚コハゼの足袋が履ける女であれ』と言われて育った」という、日本リラクサイズ協会の高戸ベラさんは、「いつまでも足首が細いのが、粋で格好いい」という美学を持っているそうです。

けれど、それを聞いて、「えーっ！　私なんて四枚コハゼも危ないわ」という人も。「ちょっと疲れるとすぐにむくんで、足首がふくらんだ〝象の足〟みたいになっちゃうんです」という悩みも出されました。

日本エステティシャン協会の川村多実さんによれば、「それは、リンパ液や血液、水分などの循環が悪くなっているせい。朝起きた時、足のむくみがスッキリ取れているかどうかが、その日の体調のバロメーター」だそう。

キレイに点った赤信号は、健康の赤信号でもあるようです。でも、そんな時、「もういいや」とあきらめないこと。いくつになっても指輪の似合う手、素足が楽しめる潤いのある脚を心がけよう――それが50カラット会議の精神です。

気持ちいいことには、効き目がある

では、いつまでもキレイでいるためには、どうすればいいのでしょうか。会議に参加した美容のプロたちからは、そのためのさまざまな提案がなされました。

「いろいろな化粧品が出回っているけれど、まずは自分の体調や肌の状態を見きわめて、宣伝や広告のコピーを鵜呑みにしない賢さが必要」

「40歳を過ぎたら、気持ちでキレイを作るくらいの心意気が欲しいですね」

料理だって、今ある素材を使って、どんな料理ができるのかを考えます。同じように、自分という素材をどんな風に料理するのか、その料理方法を考えるのが、キレイづくりへの道だそうです。

化粧品だけに頼り、シミを隠すためにファンデーションを厚くぬったり、顔が平面的になららないように派手な口紅をつけるなど、その場しのぎの修復をすると、「典型的なオバサン顔になってしまうのよ」と言うのは小林照子さんです。「大切なのは、自分という素材を磨こうと思うこと。そして、10年後になりたい自分をイメージして、そこへ向けて努力をすること」

キレイのための究極の特効薬は？　そんな質問に返ってきた答えは「自己愛」でした。「自己愛」とは、自分の好きなところに自信を持っていたいという、誰もが持っている自然の本能だと、美容家たちは感じています。

初めて経験する体の不調や、肌や髪の変化に気落ちして「もういいや」とキレイになりたい気持ちを放棄してしまうのは、自分に対する愛情不足。

「肌は、毎日マッサージして蒸しタオルを使うだけで、『愛された』ことに応えてくれます。ほんの1週間で、血色の良い、ツヤツヤしたお肌になってくれるのですから」

小林さんが提案してくれたのは、赤ちゃんを「かわいいね」となでる時のあの手つきで、洗顔やマッサージを行うこと。これは、何よりもまず気持ちがいい。気持ちがよければ習慣になるはず。そうなれば、肌の手入れに対する義務感からも解放されます。

「気持ちのいいことを、気持ちのいい分だけやってあげればいい。だから、面倒な時は汚れを落として、美容液をつけるだけでもいいんですよ。お化粧をしたまま寝ないことさえ守れば」

スッピンが気持ちいい自然派の人も、メイクはしなくても手入れはちゃんとするべき。肌を可愛がってあげたかどうかで、効果がてきめんに表れるのが、若い時とは違う50代以降の肌だといいます。「肌が喜んでいないと、老化も早くなってしまいますよ」と小林さんは警告します。

自分に愛情を注げば、その分キレイになって気持ちがいい。人にほめられて、またいい気持ち。いい気持ちだと、体もスムーズに動いて健康につながります。「自己愛」の効用は、かくのごとしです。

たとえば、「50代になったら、それまでは似合わなかった真っ赤なコートを着たい」と、なりたい自分を設定。その目標のために、肌も髪もしっかり手入れしようと決意した経緯を語ってくれたのは、ファッションショーの企画なども手がける佐藤千恵子さんです。「姿勢の美しい人になろう」と決めたら、ボディを鍛える努力をする。「髪の美しい人になろう」と決めたら、シャンプーやトリートメント剤にお金を少しかけてみる。それが、佐藤さん流「キレイづくり」の第一歩です。

さて、なりたい自分をイメージしたら、努力の方法は3段階あります。

まずは、とても単純なことですが「美容の基本は、健康であること」という原則に立ち返って、快眠・快食・快便につながる暮らしを心がけること。

次に、部分的なダメージの修復をする。これは目的をしっかり定めること。肌のつやを取り戻したいのか、シミ・シワ対策が最優先なのか。気になる部分を絞り込んだら、即対応してくれる特効薬的な化粧品やビタミン剤、サプリメントを探してみるのがいいようです。

そして最後が、メイクアップやヘアスタイルで楽しむ、自分の個性づくり。小林さんは、「外見を作ることで、中身まで変わってくるところにメイクの面白さがある」と言います。

たとえば、眉山を少し高く、眉頭を少し離して描いた眉は、「何、何？　教えて、教えて！」という好奇心旺盛な眉。こんな眉を描くと、本当にパッと瞳が開いて、キラキラと輝くのだそう。

「不思議なことに、人間は、自分の『顔』のように振る舞うものなんですね」

美容のプロは、肌を見ただけで、その人の心が輝いているかどうかが、すぐに分かってしまうと言います。気持ちがキレイを作るとは、このことだったのですね。

手足は、人生の鏡

「不安な時や、心の内を見せたくない時は、手をぎゅっと強く握る」、「嫉妬や攻撃心が強い時は、親指を噛む」、「ストレスがあると、爪自体がへこんでしまう」など、気持ちが見た目に表れるのは、手足も同じです。

器を持った時の手の添え方、電車の座席に座った時の足の揃え方……顔はサングラスやメイクで隠せても、手足の動きは隠せません。その動きに、知性や教養までもがにじみ出ます。爪を伸ばしてはいけないエステティシャンや医師の手、油が飛んだ後のシミと洗剤荒れに、キャリアをうかがわせる料理家の手、土いじりで節くれ立った陶芸家や園芸家の手など、手は職業までも表してしまいます。

日本舞踊の経験者は「踊る時は、手の動き、足さばき一つで心を表現する。心が美しくなければ、美しい踊りはできない」と言います。手足は、まさに人生の鏡。「若い時と違って、キレイなだけでは通用しないのよね」という川村多実さんの言葉にも納得します。

「同級生と旅行に行くと、おしゃべりしながらマニキュアを塗って、フウフウ乾かしている。みんなキレイにしているのよね」

そんな姿に、子育てが終わって、自分の生活をゆっくり楽しみ始めた50代のゆとりを感じるといいます。

ジュエリーデザイナーの清水聖子さんは、「30代、40代では、自分を強烈にアピールしたいから、ブランド品や、やたらとゴージャスなジュエリーに憧れる。でも、自分に自信をつけた50代は、派手なジュエリーで手を飾り立てる必要が、かえってなくなるのではないかしら」と分析します。

本物の宝石をさり気なく飾れるのは、50代以降の女性ならばこそ。けれど、それには、素肌のお手入れがやはり大事です。

「マニキュアやアクセサリーで飾れば飾るほど、シミやシワが目立ってしまうんです」と、美容研究家の入沢仁子さんも、手足のお手入れの必要性を強調します。

ある美容のプロが、かつてこんな実験をしたそうです。それは、自分の両手を実際に使って、左手はただ洗いっ放し、右手は化粧水と乳液とパックでしっかりお手入れ。それを10年間続けたというものです。結果は、何もしなかった左手だけが見るも無惨にシミ、シワだらけに。

なんとも怖い話ですが、毎日のお手入れがいかに大切かということを、ひしと感じさせてくれるエピソードでした。

足のキレイは、靴選びから

「足の裏のマッサージを受けたら、このまま踊っちゃおうかしらというぐらい体が軽くなった。何となく体調が悪い時は、病院へ行くよりエステや足ツボマッサージへ出かけた方が、効果がある」と推奨するのは、料理研究家の高城順子さんです。

腰痛や全身のだるさが、実は足の疲れからきていることも多いのです。足ツボ健康法なるものがあることからも、足が健康に直結していることが分かります。

そこで気になるのが、靴選び。オフィスや街での歩き方を指導している高戸ベラさんは、靴は健康だけでなく、足全体の美しさを作るものだと考えています。高戸さん自身、「いろいろ履いて失敗を繰り返し、これだ！という自分に合った靴が見つかってからは、そのメーカーひと筋。合わない靴を履いていると、血流が悪くなり、むくんで脚が太くなったり、形が悪くなったりしてしまいますから」と、靴選びにはこだわっています。

足に合ったサイズや型で、3、4センチほどのヒールの高さがあるもの。そんな靴で、筋肉を使って軽快なリズムで歩く。これが見た目にも美しく、健康的なのです。

スカートと同色のタイツをはけば、50代のミニスカートもまだまだいける、というのが高戸さんの持論。いつまでもミニスカートを楽しみたい人は、シューフィッターという、足に合った靴を選んでくれるスタッフが待つ靴屋さんで、相談してみてはいかがでしょうか。

BEAUTY

「50代のキレイ」をメイクする

美容研究家　小林照子

ぼんやりしてきた輪郭、青白い肌、淋しげな目元……。ふと電車の窓に映る自分の顔に気づき、戸惑いを覚えたことがある人は、少なくないのではないでしょうか。

年齢と共に変わってきた表情は、ちょっとしたメイクのテクニックでカバーできます。ただし、若い時とは違う魅力を引き出すためには、メイクにも肌の状況や表情の変化を認識した発想の転換が必要です。私たちの世代の関心は、ともすれば、シミ、シワ、クスミなど素肌の問題に集中し、メイクを軽視してしまいがちですが、メイクの偉大な力を活用しない手はありません。

ご紹介するのは、健康的で生き生きとした表情をつくるための、ベースメイクとポイントメイク。大人の女性によく似合う、素顔のようなナチュラルな印象に仕上がるメイク方法です。

そして、メイクは、しっとりとなめらかな素肌があってこそ映えるもの。年を重ねれば、肌に力がなくなって当然ですが、手入れしだいで、肌年齢はぐっと若返ります。

あきらめ気分だった方は、自分のためにほんの少しだけ時間を作って、心をこめたスキンケアを心がけてみてください。みるみる元気を回復してくれるはずです。

肌にうるおいやツヤが戻ると、心もウキウキと弾んできます。外見の美しさと内面のハリは、一つにつながっていることを忘れないでくださいね。

ここでは、私自身も毎日実行しているスキンケア、そしていざという時のとっておきの特効薬をご紹介します。

1 ベースの決め手は「自分色のほお紅」

メイクアップの8割は、ベースメイクで決まります。顔全体に肌の色と同色のリキッドファンデーションをつけたら、フェイスパウダーの前に、ハイライトとシャドーカラーで立体感をつけ、ほお紅をさすのがベースづくりの基本です。

簡単にすませる時でも、血色を演出するほお紅だけは、絶対に忘れないでください。くすんで自分の血色が見えにくくなってきた肌は、ほんのり赤みをさすことで、健康的で生き生きとした顔色を取り戻すからです。

ほお紅は、自分の血色に近い色を選びます。片手で、もう片方の指先をギュッと握った時に、指先に現れる赤み。これが、自分の自然な血色と思ってください。私たちの年代には無理と思いがちな色だったりしますが、使ってみると、とてもナチュラルな仕上がりです。

ほお紅を入れる場所は、にっこり笑った時に、ほおが一番盛り上がったところが中心。耳たぶやあご先、まぶたにもほんのりつけると、いっそう肌が明るく元気な印象になります。

この後、パウダーを軽くつければ、ベースの完成です。

2 ポイントメイクは、口紅より「眉」

表情の決め手となるのは、なんといっても

眉。眉をきちんとメイクすれば、口紅はぬらなくてもいいぐらいの効果があるのです。

年をとるにつれて、眉毛は薄くなり、顔の筋肉が全体に下がるので、淋しげで暗い顔つきになってきます。そこで、描く時は、最初に「若い頃、この辺に眉山があったわ」と思う高い位置に、アイブロウペンシルで印をつけましょう。

次に、眉山を基準に、眉頭と眉尻をなだらかな曲線でつなぎます。50代の眉は弓なりにカーブを持たせることが、とても大事。表情を明るく、華やかに見せてくれるポイントです。アイブロウブラシでぼかしながら、一本一本植え込むように描いていってください。

目元の表情を生き生きとさせるテクニックは、〝隠しアイライン〟。やせてしまったまつ毛とまつ毛の根元の間を、クレヨンタイプの柔らかいアイライナーペンシルで埋めるように描く方法です。粘膜の際に入れるので、人に気づかれないほど自然に目元をくっきりと見せてくれます。

アイカラーは目元が疲れた印象の時に、血色に近い色を、まぶたにさっと入れる程度。後は、まつ毛をカール器でカールし、マスカラでメリハリをつけます。

最後に、血色に近い色の口紅をぬれば、素顔感覚のナチュラルメイクの出来上がり。ほお紅と同じ色の口紅が見つかったら、ぜひ買いそろえておくといいですね。

仕上げにリップペンシルを使って、下がった口角を補正する気持ちで、口角を上げ気味に輪郭を描きます。

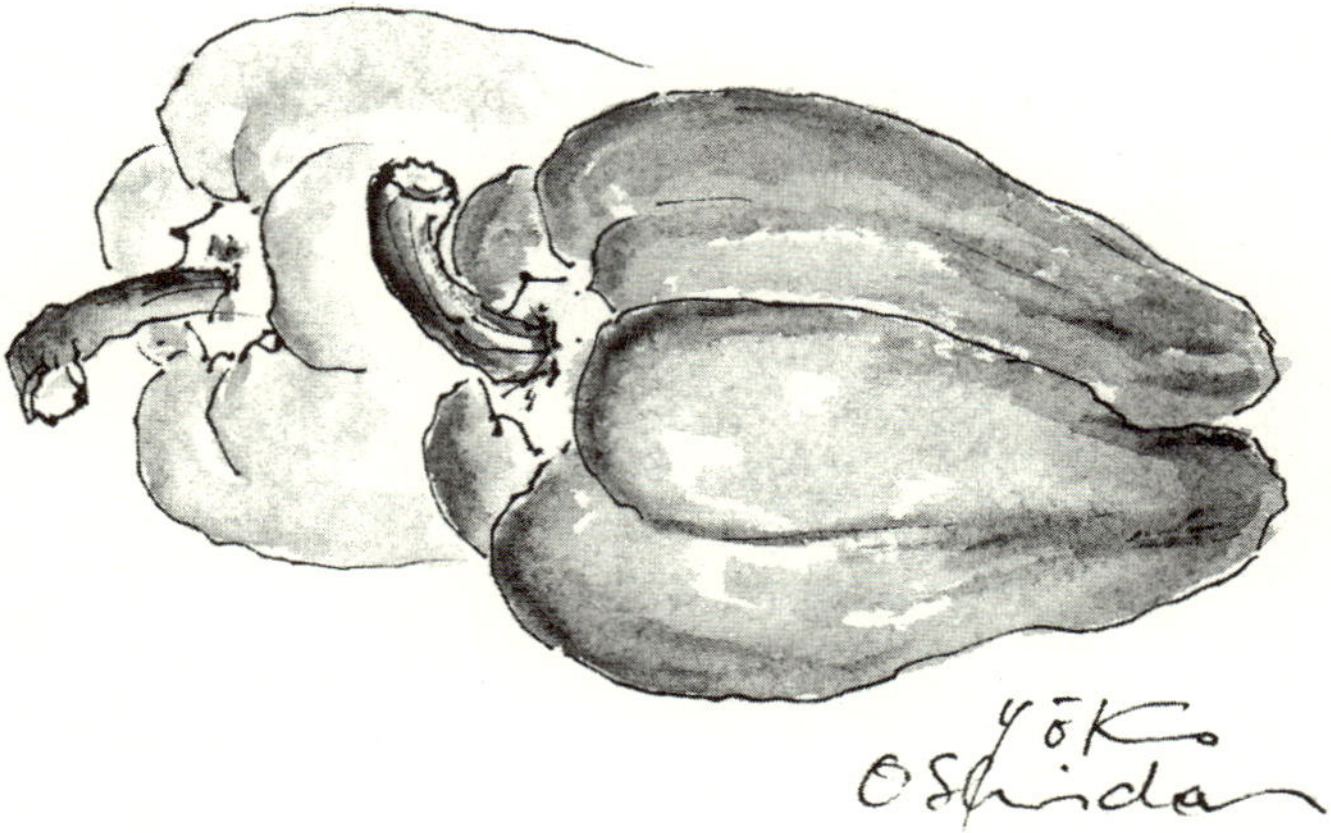

3　毎晩の「蒸しタオル」でホームエステ

肌にツヤとハリを取り戻す方法として、私自身も長年続けてきたスペシャルケアです。特別なことと思わずに、入浴タイムやニュース番組を見ながらの、ちょっとした時間を利用して、毎日の習慣にしてしまうことをお勧めします。

肌を蒸すことで、毛穴が開いて汚れがきちんと落ちますし、肌の新陳代謝を高める働きもあります。一日の疲れがスーッと取れてストレス解消にも、もってこいです。

タオルに、ラベンダーなどお気に入りのエッセンシャルオイルを数滴つけておくと、さらにリラックスできます。私のお気に入りは、ラベンダーの香りの「ニリヤのマッサージクリーム」です。

用意するのは、クレンジング（またはマッサージ）クリームとタオル二枚だけ。まず、クレンジングクリームをたっぷり肌に伸ばして、筋肉の流れに沿ってやさしくマッサージします。浮き上がった毛穴の汚れをティッシュペーパーで落としたら、水でぬらして電子レンジに一分ほどかけた蒸しタオルを当てます。（この時、火傷をしないよう、タオルが熱過ぎる場合は少し冷ますようにしてください）

蒸しタオルで顔を包み込んで30秒ほど蒸らし、タオルのきれいな部分で顔の汚れをそっとふき取ります。もう一本の蒸しタオルで同じことを繰り返したら、化粧水と美容液またはクリームをつけるだけ。

パーティーなど特別な日のメイク前には、この方法でお手入れすると、メイクのノリが驚くほど違います。

4 私のとっておき、特効薬はコレ

毎日のスキンケアをきちんとしていても、疲れや不調がすぐに肌に現れてしまうのが50代からの肌です。コンディションを整えるために、私がここ2年ほど習慣にしてきたのが、あるメーカーのコラーゲン飲料を毎日飲むこと。たんぱく質の一種であるコラーゲンの不足は、肌はもちろん、髪や爪、骨の老化にもつながってしまいます。

食事だけでは必要量を摂りにくい栄養素のため、飲むことで補っているのですが、肌がパワーアップして「なんだか肌がしっとりと生き生きしてきたわ」と実感します。

それでも、疲れが抜けないまま「これは、

緊急事態！」という日があります。たとえば、明日は講演会で大勢の人の前で話さなくてはならないという日のＳＯＳは、寝る前やメイクの前にする、海泥と海塩を含んだパック。即効スペシャルケアです。肌の老廃物を吸着して引き締める効果があり、肌を即効リフレッシュしてくれるので、いざという時の私の強い味方です。

いざという時に頼れる、スペシャルケアグッズがあると心強いもの。皆さんも日ごろから、自分に合ったものを見つけておくことを、お勧めします。

50's DATA NOW

■テーマ 「50代のキレイについて」
■アンケート対象者　首都圏の50代女性138名
■実施期間　2000年6月

Q 見た目や外見の変化で、気になっていることは何ですか？

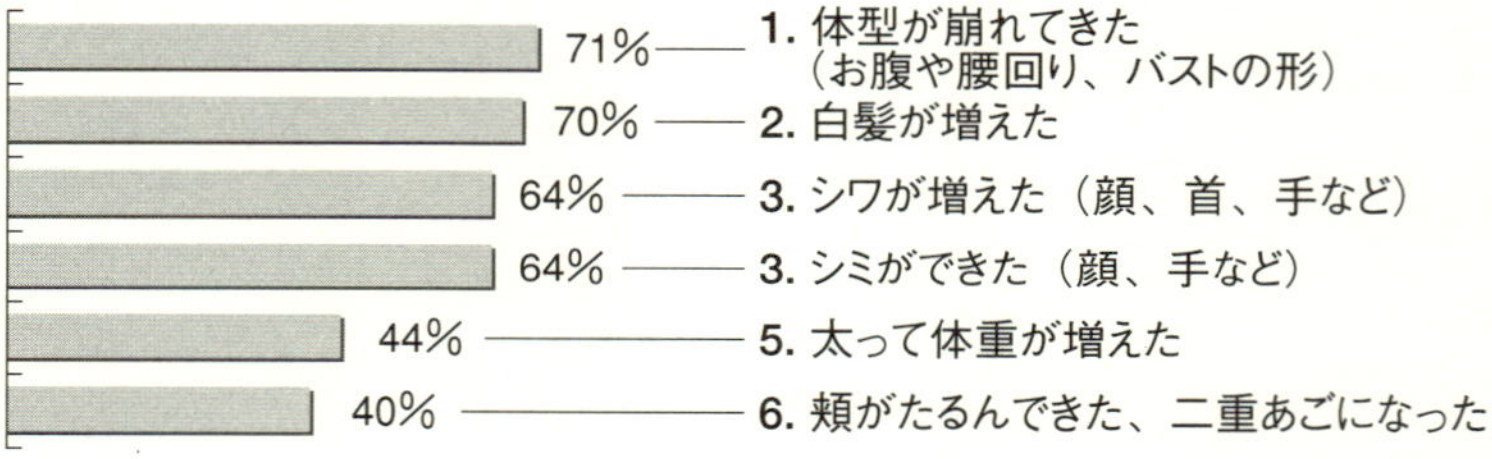
71%
1. 体型が崩れてきた（お腹や腰回り、バストの形）
70%
2. 白髪が増えた
64%
3. シワが増えた（顔、首、手など）
64%
3. シミができた（顔、手など）
44%
5. 太って体重が増えた
40%
6. 頬がたるんできた、二重あごになった

Q その変化に対して、努力していることは何ですか？

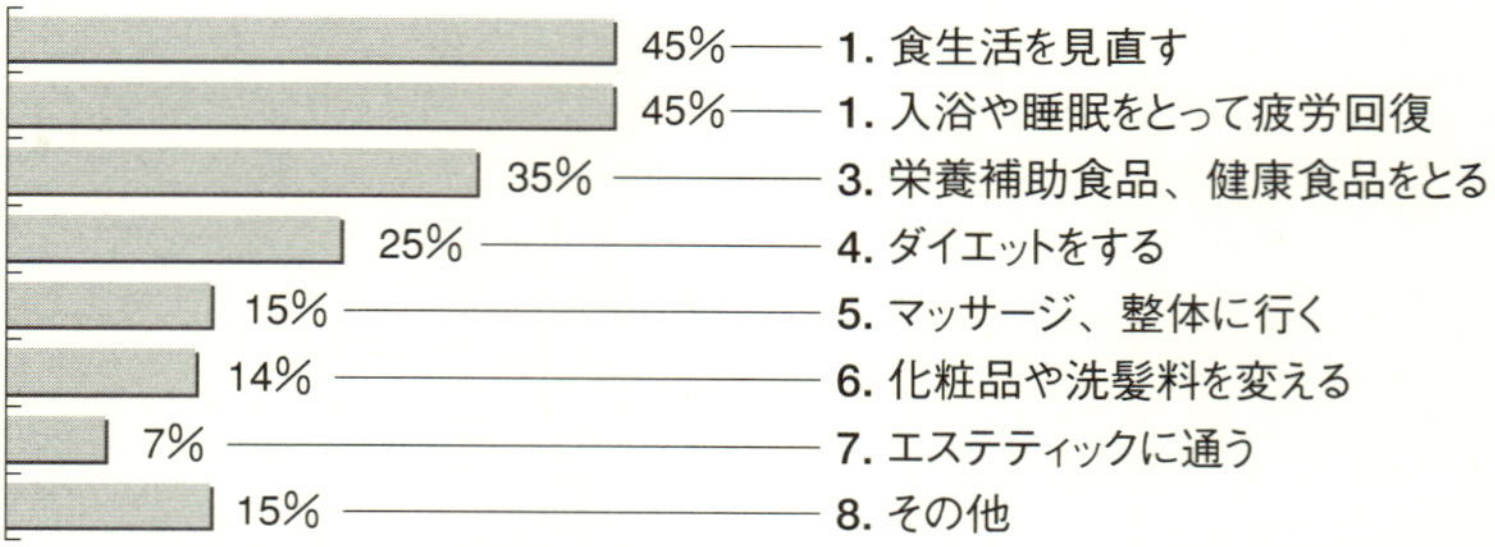
45%
1. 食生活を見直す
45%
1. 入浴や睡眠をとって疲労回復
35%
3. 栄養補助食品、健康食品をとる
25%
4. ダイエットをする
15%
5. マッサージ、整体に行く
14%
6. 化粧品や洗髪料を変える
7%
7. エステティックに通う
15%
8. その他

おしゃれで気をつけてること

●朝起きて、なるべく早い間に、人に会っても恥ずかしくない服装をし、お化粧をします。

●素肌美とはいうものの、50代になって、お化粧に気をつかい、おしゃれをするちょうどよい年になりました。

●お化粧は、他人のためでなく、自分が楽しく満足できればいいと思う。

髪のおしゃれについて

●美容院には月に一度の割合で行っています。年齢に合った身だしなみです。

●今は3週間ごとに染めていますが、白髪が似合う年になったらそのままにし、いずれ真っ白にしたいと思っています。

●髪が決まらないとイライラするので、カットだけは定期的にするよう心がけています。

〈アンケートの記述から〉

part 7
food

体が変わったら、食生活も見直しましょう

出席者

井上陽子（パッケージデザイナー）
大谷ゆみこ（未来食アトリエ「風」代表）
高城順子（料理研究家）
竹内冨貴子（管理栄養士）
花田美奈子（自然食品研究家）
森野眞由美（管理栄養士）
山口いづみ（医師）

50代になり体が変わってきた、と実感している方も多いでしょう。その変化にどう対応していけばいいかというと、基本はやっぱり「食生活」。50カラット会議宛てにも、食生活に関するさまざまなお便りが届いています。

「毎年確実に1キロずつ増加中」、「代謝が悪くなったのか、アレルギーが出やすくなった」、「食べ物の嗜好が変わった」、「夫のいる食卓になって一皿増え、お酒も登場。食べ過ぎてしまいます」などなど。食生活を見直す気持ちはあるのだけれど、どうしたものかと思案中の方が多いようです。

今回は、管理栄養士の森野眞由美さんと竹内冨貴子さん、料理研究家の高城順子さん、ナチュラルフード研究家の花田美奈子さんを中心に、「50代にとっての医食同源」についてうかがいました。

しっかり眠らなきゃと、会社に「バイワネル」と名づけた森野さん、一日400グラムの野菜を食べる〝野菜料理名人〟の竹内さん、最近体の変化に気がついたという高城さん、「いい水は、化粧水以上」とその効果に注目する花田さん。実践派の方々の「食と健康」についてのお話です。

「気持ちいい」体と暮らし、今だからこそ、手に入れたい

40代までと同じ食べ方では……

今回の会議では、冒頭からいきなり、グチや不安が出席者の口から続出しました。

「そんなに食べているつもりはないのに、人生始まって以来の体重」

「ちょっと太ったぐらいなら、以前は2週間のダイエットで元に戻せる自信があったのに、今は同じようにやっても、2カ月はかかってしまう」

「食べ過ぎた覚えはないのに、微妙に体重が増えている」

など、50カラット会議のメンバーは近頃、なかなか痩せられないのが悩みです。

50代になった体は、代謝機能が低下しているのです。脂肪分解もアルコール分解も、何をするのでも、短期決戦がきかなくなり、時間がかかるようになりました。

代謝機能とともに低下しつつあるのが、栄養素の吸収率。管理栄養士の森野眞由美さんによれば、「教科書通りにきちんと食べても、足りない栄養素が出てくるんです」とのこと。

そういえばと、思い当たる体の変化についての声が、いろいろ出ました。「最近、疲れると帯状疱疹が出るようになった。ビタミンBのサプリメントが欠かせません」と言う人がいるかと思えば、「50代になってから、精神的に落ち込むことが多く、鬱《うつ》っぽい状態が続いた。体のビタミンB_{12}や亜鉛、カルシウムが減っているのが原因だと思う」と、自己分析する人も出てきました。

体の変化ばかりではありません。これまでは、仕事でも家事でも、三つぐらいは同時進行が可能だったのが、最近、一つをやっているうちに、後の二つを忘れてしまいます。記憶力、集中力が落ちて、「しまった！」と思う回数も増えました。そろそろ、脳の栄養も気になっています。

「ビタミン剤なんか飲まなくても、三食しっかり食べていれば、元気で健康！」ということが通用したのは、どうやら40代までのようです。

「50カラット会議レポート」の、50代女性対象のアンケートでも、体型の崩れを気にする人が71パーセント、記憶力が低下したと感じる人が79パーセントで、多くの方が、体が変わったのだからこのへんで、これまでの食生活を見直さなければと答えています。

多くの50代が、食生活のターニング・ポイントを実感しています。

自分の生まれた土地のものを食べる

フランス料理、イタリア料理、エスニック料理……と外食の味にもすっかり慣れ、一気に流れ込んできた輸入食品で、家庭の食卓も国際化が進みました。

フードコーディネーターによれば、デパートの食品売場もここ数年の間に、ワインやチーズ、洋菓子などのコーナーが充実し、〝本格本場〟志向が強まっているそうです。レストランの味が楽しめて、家庭の食卓に目新しい味を加えてくれるデパートのお惣菜売り場は、50代以上の顧客にも人気があります。

華やかな売り場に誘われて、手軽な上、自分では作りにくい料理を見れば、つい買ってしまう気持ちもよく分かります。しかし、医食同源の考え方からすると、自分の生まれ育った土地の食べ物、食べ方こそ、体に無理なく受け入れられるのだそうです。

森野眞由美さんも、「たとえばエスニック料理などもブームですが、あれは暑い国の人が体を冷やすために考え出した食べ物。日本人の体に合っているかというと疑問ですね」と指摘します。

環境に合っていない食品、大量の脂肪分と食後のデザート……。当然、体に負担がかかります。お惣菜商品の利用は、夫婦二人だけになった50代家庭でも増えています。なるほど、お惣菜は、必要なだけの量を手軽に食卓に並べられて便利。だけど、体が変わった50代には、味が濃いのが気になります。

「実は、お惣菜は、時間とともに水分が出て塩分も下がり、味が落ちてしまう。だから、翌日の朝でも美味しい状態を保つには、最初から味を濃くするしかないんですね」とは、栄養士の言葉です。年々需要は高まるだけに、体にやさしいお惣菜のあり方は、売り手や食生活を指導する専門家たちの、今後の大きな課題だといいます。

さて、そんな時代に登場したのが、粗食ブームです。しかし、女性たちの中には、「粗食は、会社の健康診断で生活習慣病を脅かされた男性には魅力的でも、私たちから見れば、ただの貧しい料理」という意見もあります。

「粗食も同じ考え方からきているのだと思いますが、やはり、医食同源に立ち返ることが大切じゃないかしら」と言うのは、料理研究家の高城順子さんです。

医食同源は、その季節、その土地の土と水で育ったものを食べるのが一番体にいいという考え方。海外旅行に行く時、水が変わるから気をつけなさいと言うのも、知らず知らずのうちに身についた医食同源流の考え方です。

「自分が生まれた土地のものを食べていれば、体の調子がいいということを、本当は私たち、

料理研究家　高城順子さん

たかぎ・じゅんこ　1947年、大阪生まれ。「稼いだお金は、みんな食べちゃったわ！」と笑うけれど、本当に勉強家。中国料理研究会で、毎年中国のあちこちを、食べ歩きの旅に出かけるだけでなく、休暇がとれると、あっという間に新幹線や飛行機に飛び乗り、「あそこのあれ」を目指して食べに出かけています。初めて訪れた土地でも、方向感覚抜群。どこに行っても、迷わないのだそう。地図を片手に迷う私に、「食べ物の匂いがする方向に行くから、大丈夫なのよ」と笑います。そういえば、どんな場面の写真でも、とっても笑顔が自然な人。猫派。忙しい間の気分転換は、猫の毛づくろいなんですって。

管理栄養士　森野眞由美さん

もりの・まゆみ　1949年、長崎・佐世保生まれ。あまりの忙しさに、「倍は寝るぞ！」と決意して会社を設立。その名も「バイワネル」にしたという話は、おかしくて、楽しくて、仕事への意気込みも感じられ、忘れられません。とにかくパワフル。体力というより、脳力のエネルギーを感じさせられます。栄養指導の現場で実感するのは、人間の体は教科書通りにはいかないということ。これからの商品は、不安や欲望よりも、人間の元気や気持ち良さを追求して欲しいと願っています。ゆっくり体をつくっていく医食同源の食生活を、もっと50代に広めたいと意欲的です。現実をきちんと押さえた森野さんの発言からは、いつも「リーダーのパワー」を教えられます。

ちゃんと知っているんですね」

そうなると、注目されるべきは、やはり日本の伝統食でしょうか。

理想食の玄米を、50代流にアレンジ

「究極は玄米食ですよ」と言うのは、フードプロデューサーの花田美奈子さんです。

「玄米は完全な栄養食ですから、足りないのはビタミンCぐらい。ご飯を食べるアクセントに、ごま塩とたくあんでもあれば十分なんです。ビタミンCは、季節の果物で補給すればいい」

実は花田さん、職業柄、美食を尽くして、肝臓を病んでしまった経験があります。点滴と山盛りの薬で、今度は胃まで悪くして、意を決して食事療法を試みました。その療法の中心となったのが、玄米だったのです。かれこれ30年も前のことですが、それ以来、玄米食で元気いっぱいだそうです。

「厳密なマクロビオティック（玄米を正食とし、肉や乳・卵製品は摂らず、無農薬・自然農法の穀物や野菜、海草を中心とした食事）を実践すると、体にいいだけではなく、若い女の子なんて、すっきり痩せてスタイルがよくなっちゃうんですよ。けれど、そこまでやってしまうと、ストイックになり過ぎて、食生活がつまらないんです」

いくら体にいいとは言え、楽しくない食事は続けられません。玄米を取り入れるなら、50代流にアレンジする必要があります。たとえば、白米に玄米を一握り混ぜることから始めれば、白いご飯のおいしさを味わいながら、新しい食感に慣れていくことができます。

パッケージデザイナーの井上陽子さんは、「完全な玄米食は無理だから、家庭用精米器を買って、五分づき、七分づきと、あれこれ試しながら食べています。ほんのり黄色いご飯は、なかなか味わい深いですよ」と、すっかり〝分づき米派〟になりました。

玄米入りご飯は、味と食感から、イタリア風のリゾットやカレーのご飯にはぴったりです。和食の時は白いご飯でも、メニューに合わせて「玄米入りご飯」にしてみてはいかがでしょうか。

玄米や雑穀は、ビタミンの宝庫

最近は玄米だけでなく、キビ、ヒエ、アワなどの雑穀にも関心が高まっています。玄米や雑穀は、ビタミン、ミネラル、たんぱく質などが豊富な上に繊維質も多く、この繊維質がコレステロールを体から排泄させてくれるので、生活習慣病の予防にはもってこいだそうです。

医師の山口いづみさんは、「薬で飲むビタミン剤は、たまに飲むから効くんです。日常的には、やはり玄米や雑穀で自然のビタミンを、ゆるやかに摂るのがいい」と、自分でも家庭で玄米や七分づき米を食べ始めました。

最近では、ベジタリアン志向の人の中にも、これまで野菜でとっていたビタミンを、玄米や雑穀などの穀物に求める〝穀物ベジタリアン〟を自認する人も増えているそうです。

玄米や雑穀を食べてまず実感するのは、「お通じが良くなったこと」。「女性の場合、子宮や卵巣が腹腔の中に埋まっているから、体の構造上、男性に比べて通過障害を起こしやすいのよね」と山口さんが言うように、便秘の悩みを持つ女性は多いようです。だからこそ、玄米・雑穀が腸をきれいに掃除してくれるという情報は、女性にとってうれしい限り。関心が高まっているのには、そのへんの理由もありそうです。

別の角度から玄米や雑穀の魅力を語ってくれたのは、高城順子さんです。

「お米はどんどん精米度が良くなってくるし、野菜も全国どこで買っても同じ味で、昔のような野性味もなくなった。味が薄いっていうか、食べた時のインパクトがないんですね。そこへいくと、玄米や雑穀には、独特のアクがある。噛めば噛むほど甘みが出てきて、食べた、という感じがする。だから、腹六分目ぐらいでも満足できて、いいんです」

人間だって、アクやクセがあったほうが面白い。それと同じことでしょうか。年輩の人の中には、〝白米・銀シャリ〟信仰のようなものがあって、玄米や雑穀は粗末なもの、雑なものとしてとらえる傾向があるようです。アクやクセが嫌われるのです。しかし、玄米や雑穀の独特な風味や香り、歯ごたえは、均一化された食べ物で鈍感になっていた私たちの五感を、呼び覚ましてくれます。

お米と同様に、野菜にも、均一化の反省が生まれています。「旬」をなくして、年間を通して同じ物を、欲しいだけ食べられるのが、昨今。安く、安定的な供給をすることを目指した農政の成果でもあるけれど、日本中どこへ行っても、同じ顔をしたトマトやなすに出会って、何か変と感じるのは、50代になってそれだけの余裕ができた証拠でしょうか。

京野菜など、昔ながらの品種の再開発が話題になって、地のものを旬の時期に食べる気持ちよさに、やっとたどり着いた気がしています。

ナチュラルが贅沢

より伝統的な食材、自然な食材を求め始めた50代の食のニーズは、世界的なトレンドとも一致しているようです。

「二〇三〇年には、地球温暖化によって、東京は40度を超える酷暑になるらしい」という内容の新聞報道が話題になりました。土地の乾燥と砂漠化で食料危機に瀕するのは、もう時間の問題といわれ、こんな時代に生き延びるにはどうしたらいいかということが、世界的な議論になっています。

「体のこと、環境のこと、食のこと。みんなで考える時がやってきたのよね」と、会議の出席者も口を揃えます。

「フランスのファッションデザイナー、ヨーガンレールが宮古島へ移り住んで、自然と共に生活を始めたのも、時代を象徴する出来事だったわね」。ファッションのトレンドも〝ナチュラル・ラグジュアリー〟がキーワード。天然素材を使ったファッションや住まい、自然と共生するライフスタイルこそが本当の贅沢であり、オシャレであるという認識が広まっている、と解説してくれたのは、穀菜食研究家の大谷ゆみこさんです。

そんな中で、食生活にも、ナチュラル志向が広まってきています。雑穀の食べ方を研究して、食べ方を体験できるレストランを開いている大谷ゆみこさんによれば、雑穀は、環境と体によくてしかもオシャレでおいしい「エコヘルスグルメ」食材。私たちが生物としてのエネルギーを失いつつある中で、生命力を高めてくれる食べ物として、ぜひ50代に注目して欲しい食材なのだそうです。

面白いのは、雑穀の穂をそのまま花材にしてインテリアとして楽しんだり、ガーデニングに取り入れたりする「フードセキュリティー・インテリア（ガーデニング）」の話。飾ってオシャレな上に、非常時にはそれがそのまま食料になるというのが、そのユニークなネーミングの由来です。

また、「KIHACHI」のハトムギサラダや、モス・バーガーのレストラン「亜鉛」の玄米ごはんなど、東京のトレンディーなレストランが発信するメニューの広がりにも、50代は注目しています。

ところで、玄米ご飯は家庭で美味しく炊けるのでしょうか。最近の炊飯器には、水加減の線に「玄米」という表示があるようになりました。けれど、玄米ご飯に切り替えたものの、家族から「やっぱり白いご飯」と言われて、挫折する人が多いのも事実のよう。自分だけでも、という人にはレトルトパックが便利です。

肉も、バランスよく食べたい

玄米や雑穀が体にいいとはいえ、「いきなり主食を全面的に変えるなどの極端な食生活の転換はおすすめできない」と言うのは、竹内冨貴子さんはじめ栄養士の皆さん全員の意見です。

白米のご飯に慣れている私たちの体では、急激な食の変化に対して消化機能がついてこない、というのがその理由の一つ。また、玄米や雑穀にはたんぱく質が豊富だからと、肉類などの動物性たんぱく質をやめてしまうと、感染症に対して抵抗力が落ちるなどの健康障害が起こる可能性もあるともいいます。

「肉類はよくない」と考えがちですが、「戦後、日本人の平均寿命が伸びたのは、やっぱり肉類の持つたんぱく質のおかげなんですよ」と高城順子さんは言います。

「習慣的に肉を食べているお年寄りには、ボケが少ない」という指摘もあります。要は、バランスと食べ方なのです。自然食品に詳しいナチュラルフード研究家の花田美奈子さんは、「食べ物にはすべて〝陰と陽〟があり、陰陽のバランスを考えて食べるのが体にいい。たとえば、肉料理を食べた後にコーヒーが飲みたくなるのも、〝陽性〟の肉に対して、カフェインが〝陰性〟だからなのです」と、体が自然にバランスを求めている例を話してくれました。

バランスよく食べるためには、まず、自分の体が何を求めているかを聞きつけるアンテナを持つこと。たとえば「昨日は肉を食べたから、今日は魚にしよう」というように、自分の生活をちょっと振り返って、体の声に逆らわないことがバランスよく食べるための基本です。

体調と気分、外見は、つながっている

体にいい食べ物で胃腸をキレイにすれば、お肌はピカピカ。胃腸が健康で快適だから、体も

軽やか。体調も良くなって、気持ちも前向きになります。そして、見た目もキレイになるという連鎖反応。覚えがおありのことでしょう。

50代の「体調」、「気分」、「外見」は、三位一体となって機能します。「あの人、ステキね」と言われる50代を目指すなら、食生活を変えるだけでなく、心にも栄養を与えて欲しいと専門家たちは言います。

「感動する材料が多ければ多いほど、体の代謝がアップして栄養の吸収率が高くなる」と、管理栄養士の森野眞由美さんも、心のアンテナを敏感にしておくことを勧めます。

更年期の症状で悩む人たちは、まずは体と気持ちを動かすことで、食べることへの積極性を開拓するとよいそうです。家に閉じこもっていると、食事に無関心になったり、逆にストレスで食べ過ぎたり。また、外出しなければ、オシャレにも気をつかわず、気持ちを刺激する出来事にも出会わず、「体調」、「気分」、「外見」の連鎖に、悪循環を起こしてしまいかねません。

「食べるだけで元気になれるわけじゃないから、自分の元気を出すところとか、自分が求められる場を持つことが大切。50歳を過ぎてキレイでいたければ、食生活をキチンとした上で、スパッと自分が楽しめることをやることですね」と、ダイエットクリエーターでもある竹内冨貴子さんが話を結んでくださいました。

FOOD

体に美味しい「酒肴8品」

料理研究家　高城順子

一日の終わりに、心穏やかに酒の肴を作るのは、ちょっとした幸せです。自分だけの晩餐でも「ひとりだから、どうでもいいや」といい加減にすますのではなく、少し格好をつけて、心が豊かになるような食卓を演出したいもの。

また、食べ物の好みも若い頃とは変わってきました。体の声に耳をかたむけてみると、今の私たちの体が必要としている食べ物が自然と見えてきます。

ここでは、50代の体にうれしい食べ物と、その見慣れた材料に一手間かけて、お酒の気分を盛りたててくれる簡単メニューを、いくつかご紹介します。

レシピの分量は、一人分の目安です。

1　きのこは健康食材の優等生

きのこは、昔も今も健康食の代表選手。き

のこ特有のβ-グルカンという多糖類は、アガリスクに含まれていることで最近注目されています。免疫機能を高めますし、食物繊維で適度な満腹感が得られるのもうれしい素材です。安価で幅広い料理に合うので、メニューにどんどん取り入れたい食材です。

「ピリ辛きのこ」

【材料】生しいたけ、しめじ、なめこ、まいたけ、えのきだけ他、好みのきのこを合わせて100グラム。赤唐辛子少々。調味料（しょう油小さじ2、酒・みりん各小さじ1）

【作り方】きのこは、食べやすい大きさにしておく。赤唐辛子は、水につけて柔らかく戻し、小口切りにしておく。耐熱性の器に、水大さじ1弱と調味料を合わせ、きのこと赤唐辛子を入れてラップして、電子レンジで約1分加熱する。

2 大豆は、女性の強い味方

大豆は、アジアが誇る植物性たんぱく質のエース。イソフラボンが女性ホルモンと似た働きをして、更年期障害や骨粗しょう症の予防にも役立つことを知っていましたか？

「大豆入り高菜炒め」

【材料】水煮大豆60グラム、高菜の漬物50グラム、ピーマン1個、しょうが1/2かけ、ねぎ2.5センチ。油大さじ1/2。調味料（酒・しょう油各小さじ1、砂糖ひとつまみ、塩少々）

【作り方】しょうが、ねぎは、みじん切り。ピーマンはせん切りにする。高菜は水でよくもみ洗いし、みじん切りにして、から炒りす

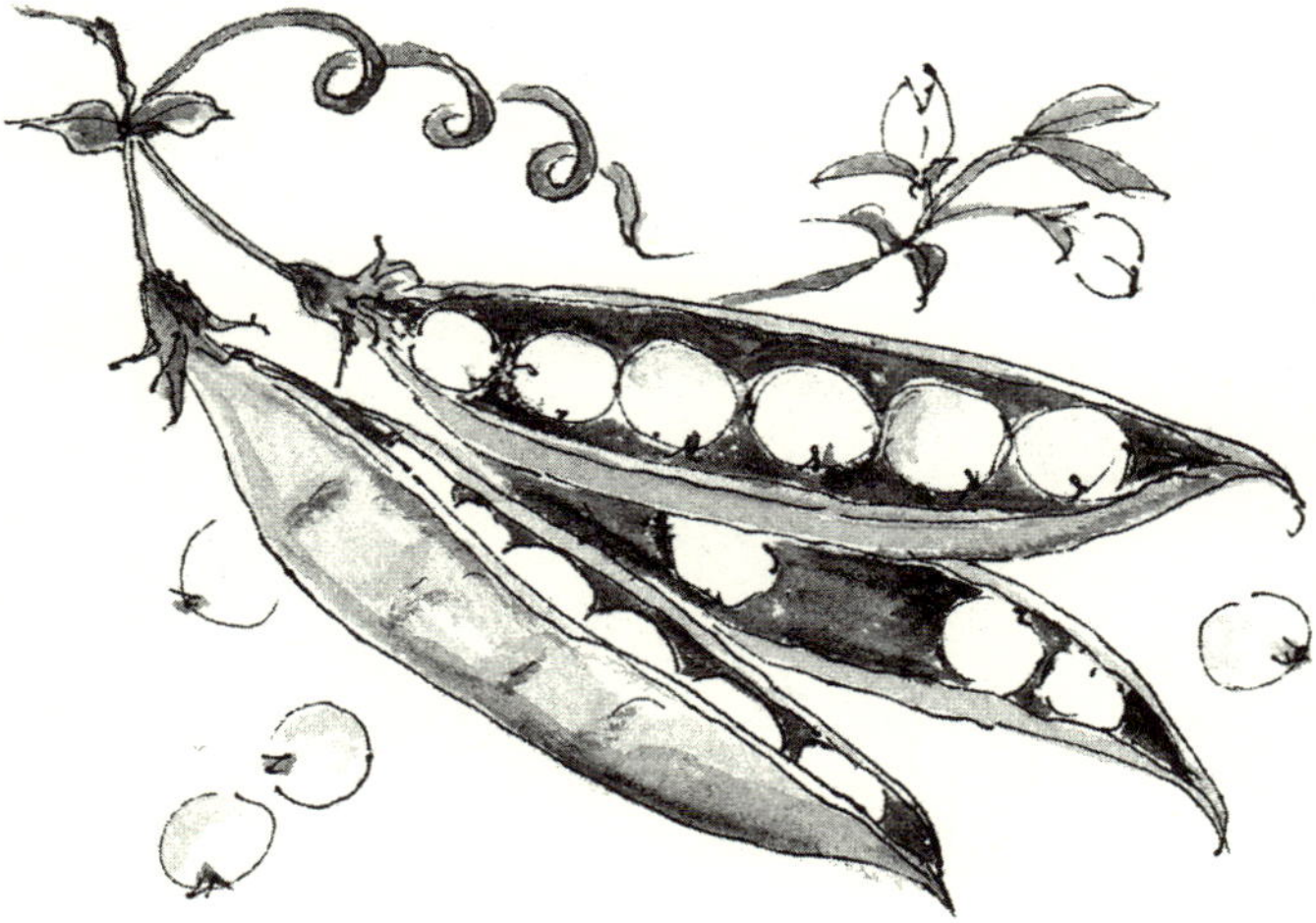

る。フライパンに油を熱し、しょうが、ねぎ、ピーマン、高菜、大豆の順に炒めて、調味料で味つけする。

【メモ】水煮大豆は、ドライパックの缶詰が便利です。また、高菜の漬物の代わりに、野沢菜、白菜の古漬け、キムチでも可。

3 体力の回復には、長芋を

長芋は、生で食べられる唯一の芋です。粘り成分ムチンは、胃の粘膜を保護しますし、体の回復力を高める強壮効果でも知られています。

「たたき長芋の粒マスタードあえ」

【材料】長芋100グラム、スモークサーモン（または生ハム）2枚、あさつき小口切り1本分。調味料（粒マスタード大さじ1/4、ご

ま油少々、しょう油小さじ2/3）

【作り方】長芋は、皮をむき厚手のポリ袋に入れ、ふきんに包んでめん棒でたたく。スモークサーモン（または生ハム）は、細切りにする。調味料を合わせて、長芋とサーモン、あさつきとあえる。

【メモ】長芋は、丸く太って、太さが均一のものを選びましょう。

4 カリフラワーで、ビタミンCを

カリフラワーのビタミンCは、とりわけ芯の部分に多く含まれています。茹でたもの50グラムで一日所要量の約半分がとれる優れもの。ビタミンCが不足しているなと思ったら、カリフラワーのお料理をどうぞ。

「カリフラワーのカリカリ炒め」

【材料】カリフラワー80グラム。調味料（酒・酢・しょう油各小さじ1）、サラダ油少々、赤唐辛子小1本。

【作り方】カリフラワーは食べやすい大きさに分ける。フライパンにサラダ油を薄くひき、唐辛子、カリフラワーを中火でゆっくり炒める。調味料を一気に入れ、手早くからめる。

【メモ】残ったカリフラワーは、ラップで覆って電子レンジ加熱して、レモンドレッシングであえると、ビタミンC効果が高まります。

5 手羽中で肌をキレイに

手羽中に多いビタミンB2やコラーゲンには、肌の張りとつやを保つ働きがあります。そして、鶏肉のたんぱく質を構成する必須アミノ酸には、神経を鎮める働きがあるので、たくさん取りたい食材ですね。

「手羽中スペアリブのスパイス焼き」

【材料】鶏の手羽中スペアリブ6本。調味料(塩少々、七味唐辛子適量)

【作り方】スペアリブ全体に、塩と七味唐辛子をふる。天板に並べ、オーブントースターで5分焼き、裏返して、さらに3~4分焼く。

【メモ】鶏のスペアリブは、手羽中を縦2つ切りにしたもので、市販されています。

6 えびとブロッコリーは、優良コンビ

えびとブロッコリーは相性が良く、いっしょに料理されることの多い食材。えびの殻にあるキチン質は、健康補助食品「キチン・キ

トサン」の原料で、免疫力を高める幅広い効能が期待されています。

ブロッコリーは、この分量で、一日に必要なカロチンの1/3の量をとることができます。さらに豊富なビタミンCの抗酸化作用で、脂肪内の脂質の酸化が抑えられ、さまざまな血管障害を予防します。

「えびとブロッコリーの香味炒め」

【材料】ブロッコリー1/4個、むきえび（殻付きでも可）50グラム。オリーブ油・バター各小さじ1/3、ニンニク小1/2かけ、赤唐辛子1/4本、塩・こしょう少々。

【作り方】ブロッコリーは小房に分け、塩ゆでして冷ましておく。えびは背わたを抜く。ニンニクはみじん切り、赤唐辛子は小口切りにする。フライパンにオリーブ油を熱し、ニンニクを中火でさっと炒め、バター、赤唐辛子、えび、ブロッコリーの順に加えて炒める。えびが赤くなったら、塩、こしょうする。

7 疲れた目と肌には、カキを

カキはミネラルが豊富に含まれ、ビタミンAが豊富で、疲れた目や肌をよいコンディションに保ちます。ミネラルの中に、味覚を正常に保つのに役立つ亜鉛も多く含まれていることで注目されています。

「カキのバルサミコソース」

【材料】カキ60グラム、菜の花40グラム。オリーブ油少量、塩・こしょう各少々、バルサミコ酢大さじ1。

【作り方】カキは塩水で洗い、水気を拭く。菜の花は二つに切る。オリーブ油で菜の花を炒め、カキを入れて両面焼く。塩、こしょう、バルサミコ酢を加えて、沸騰させたら火を止める。

【メモ】カキの代わりに、イカ、エビでもバリエーションをお楽しみください。

8 じゃがいもは、美容の味方

じゃがいもには、ビタミンCが豊富。でんぷんが熱に弱いビタミンCをガードするので、効率よくとることができます。肌のトラブルで一番気になるシミやそばかすの原因にもなる、メラニン色素の生成を抑えるのがビタミンC。そのビタミンCは、皮つきのまま調理すると、損失が最小限に抑えられます。

「お好みほくほくポテト」

【材料】じゃがいも1個。たらこ、明太子、鮭フレーク（瓶詰）、ハーブ入りクリームチーズ、じゃこ、ザー菜のみじん切り（瓶詰）など、塩気があって、少しクセのあるものを好みで適宜。

【作り方】じゃがいもは、茹でてもレンジで「チン」でもOK。じゃがいもが熱いうちに軽くつぶし、他の材料とあえます。

50's DATA NOW

■テーマ　「50代の食生活について」
■アンケート対象者　首都圏の50代主婦358名
■実施期間　2001年1月

Q 食べ方や献立について、気をつけていることは何ですか？

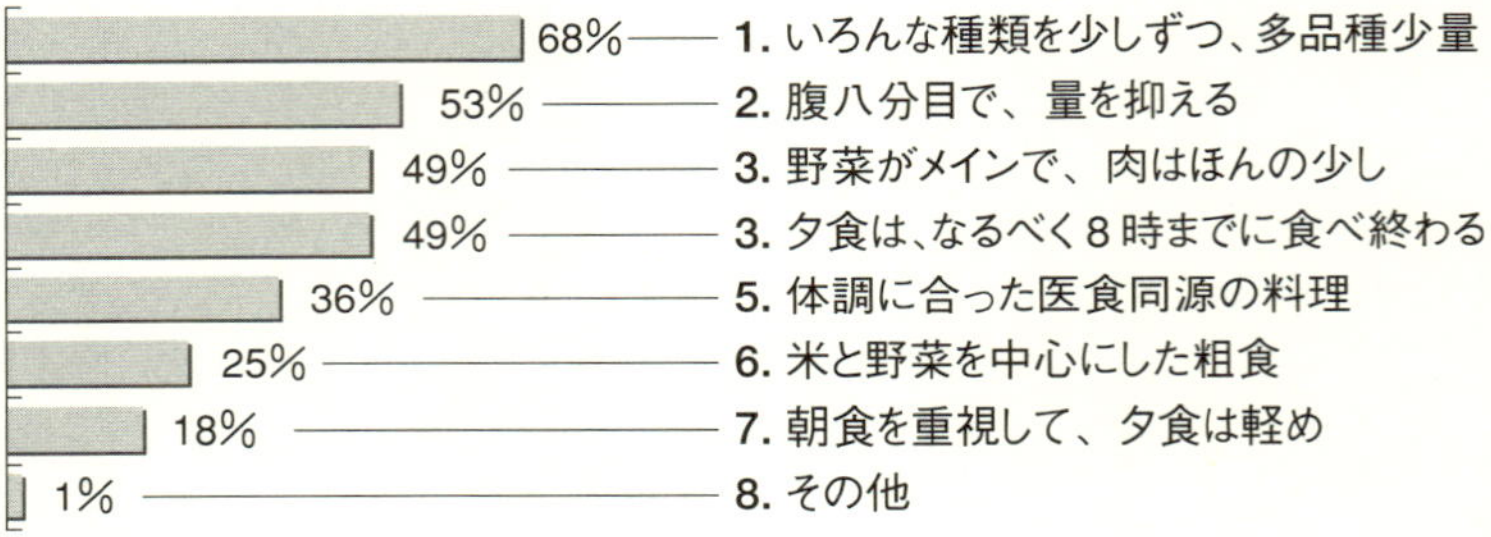
68%　1. いろんな種類を少しずつ、多品種少量
53%　2. 腹八分目で、量を抑える
49%　3. 野菜がメインで、肉はほんの少し
49%　3. 夕食は、なるべく8時までに食べ終わる
36%　5. 体調に合った医食同源の料理
25%　6. 米と野菜を中心にした粗食
18%　7. 朝食を重視して、夕食は軽め
1%　8. その他

Q 米類の選び方を教えて下さい。

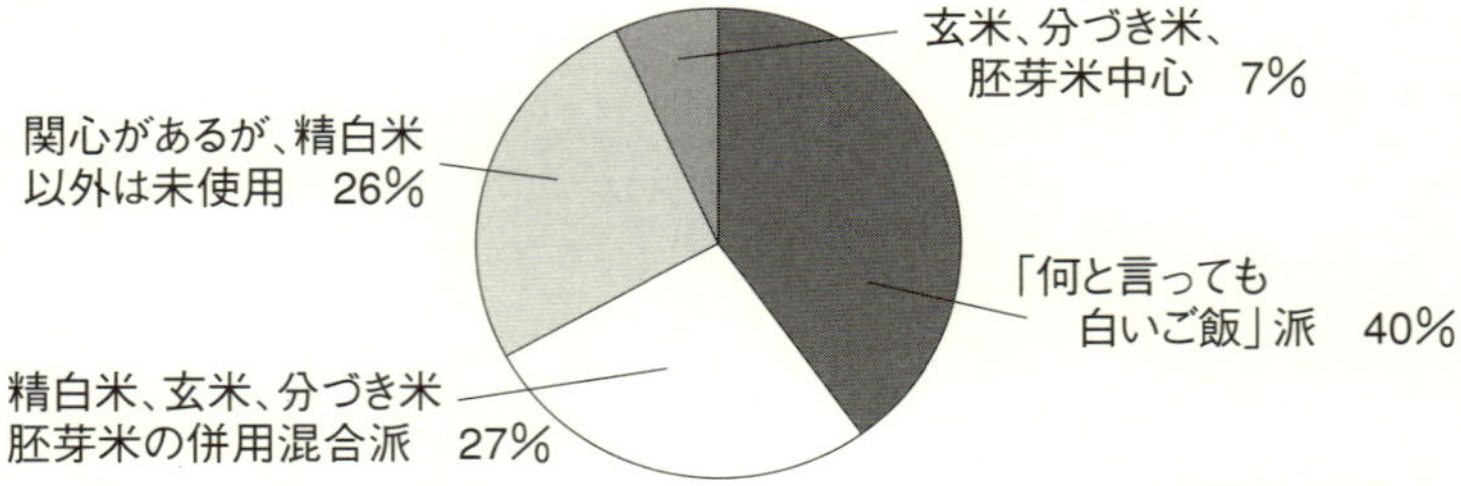
玄米、分づき米、
胚芽米中心　7%
関心があるが、精白米
以外は未使用　26%
「何と言っても
白いご飯」派　40%
精白米、玄米、分づき米
胚芽米の併用混合派　27%

食生活の変化について

●野菜が好きになった。現在、野菜料理を研究しています。

●まだ肉も好きですが、好きなものばかりでなく、健康のため魚や野菜をとるよう心がけています。

●食べ物を変えると、２週間で自分の体が変わってくるのが分かります。

●自分の体を毎日観察することが大切。

雑穀や玄米について

●体調が悪い時、すすめられて玄米に。

●主人が白いご飯でないと駄目なので、興味はあるけれど、食べていません。

●玄米を食べさせるお店に行き、あまりの美味しさに、すぐ白米から切り替えました。

●家族の中で玄米を食べるのは私だけなので、一人分の加工食品が便利です。

〈アンケートの記述から〉

part 8
sports

50代は「働く」より、「動き」ましょう

出席者

青木裕美（運動療法士）
新井恵子（スポーツ・コーディネーター）
石合美智子（自営業）
下条由紀子（『ランナーズ』編集長）
高橋順子（ヘルスコンダクター）
芳賀日登美（広報プランナー）
松原惇子（ノンフィクション作家）
山岸幸子（画家）

50代の元気とキレイづくりに欠かせないのが「運動」と言われて、まわりを見渡すと、なるほど、公園には50代以上と思しき人たちが、何人もウォーキングをしています。「最近、なんだか調子が悪い」という人の多くは、体を動かさない生活が一番の原因とも言われています。

そこで、中高年齢層を対象に「水泳」を勧めているスポーツコーディネーターの新井恵子さん、走る人の雑誌『ランナーズ』の編集長を務める下条由紀子さんを中心に、鍼灸・マッサージを主体とした治療院を開く高橋順子さん、運動療法士の青木裕美さんをまじえて、50代の体の動かし方についてアドバイスしていただきました。

「体も、使わないとサビますよ」という強烈な一言で会議がスタート。ただ走るだけなんて、という方にはダンスがおすすめ。バレエを始めて、「40代よりキレイになったと思う」と言い切る作家の松原惇子さん、体が動かなかった病床で「治ったら体全体を使おう」と決意して、以来フラメンコを楽しむ、画家の山岸幸子さん他の話も、ご参考に。

若返りとは、来年も同じ体調でいられること

年齢なりの、最高のコンディションを

ふた言目には「ヨッコラショ」、「ああ疲れた。肩凝った」などと言っている自分に、ハッとすることはありませんか。

私も、ブラウスの背中のボタンがとめられない、目がかすむ、のぼせる、だるいなど、50代になったとたんに、思い通りにならない自分の体に気づき、愕然としました。

すがる思いで医師に相談すれば、「トシだから」、「更年期だから」のひと言で片付けられ、運動不足が原因かとスポーツクラブに通えば、若いインストラクターから、ひたすら「頑張れ、頑張れ」と号令をかけられて、ヘトヘト。体に負担がかかって、よけいに具合が悪くなった体験を持っています。

ヘルスコンダクターの高橋順子さんは、次のように語ります。「体がガクンとくると、心も落ち込んでしまう人は多いですね。とくに、それまで元気なのが自慢だった人はなおさら。ど

うして私が、とショックが大きいようです」

スポーツや体づくりの専門家たちは、「50代になったのだから、少々ガタがくるのは自然なこと。10歳若返るのは無理としても、年齢に合った気持ちいい体のコンディションをつくることは可能です」と、口を揃えます。

「若返る」とは、若い頃の自分に戻ることではなくて、年齢と共に下り坂になっていくはずの体力・気力を、現状維持するということ。来年になっても今年と同じ状態なら、それが若返ったことになる、というのが高橋順子さんの考えです。

たとえば、1キロの道のりを、去年と同じ10分で歩けたら上出来、ということになるわけですが、それにはやはり動ける体づくりが必要です。そこで、始めたいのが運動なのです。

ですが、その始め方にも順序があります。若い時、このぐらい平気だったとばかりに、いきなり縄跳び100回、ランニング30分などと頑張るのは、挫折のもと。かえって体をこわす恐れさえあります。

50代の体づくりの目標は、今の年齢なりの最高のコンディション。まずは、体と年齢に合った暮らしのリズムを作ることから始めてみましょう。

「気持ちいい」と、若返る!?

「健康とは、体と心のバランスがとれている状態」というのは、会議の場で何度も出た言葉です。バランスがとれているかどうかを見極めるポイントは、爽快感があるかどうか。

「操体法」という運動療法を指導する青木裕美さんは、「体が喜ぶこと、自分の体に合ったことをしてあげたい」と言います。「体を動かす時も、そこまでやったら痛いというところまではしないこと。マッサージを受けるのでも、気持ちよくて寝ちゃうぐらいがいいんですよ」

「そう。痛いのは、体が発信する『イヤだ、辛い』というサインなんです。そういう体の声をちゃんと聞きたいですね」と、鍼灸の治療院を開く高橋順子さんも賛同します。

たとえば、朝起きられないと「ああ、ダメな私」、体がだるくて仕事を後回しにすれば「サボッちゃった」。そんなことで、私たちは罪悪感にとらわれがちです。でも、それだって、体の声。怠惰とは区別して、思い切って休むのが理想です。体が要求している時には、これまでの思い込みを捨てて、堂々と怠けてもいいのです。

若返るということは、医学的には免疫力がアップすることだそうですが、免疫力は、気持ちいいことをすればするほど、高まるのだとか。「気持ちいい」は、若返りにつながるキーワードなのです。大いに笑ったり、おしゃべりをしたりして好きな時間を過ごしたいものです。

「気持ちいいと、脳からはドーパミンがどんどん分泌される。女性ホルモンの代わりというわけではないのですが、ドーパミンがどんどん出るような暮らしをしていれば、いつまでも若々しく健康でいられるはずだと思うんですよ」と、感動・行動・運動のある暮らしを提言するのは、中高年の水泳を指導する新井恵子さんです。

自分が気持ちいいことに素直になり、面倒がらずに体を動かす。そんな簡単なことを心がけるだけで、体への自信と幸せ気分が生まれるのだからと励まされました。

「運動」と「労働」は違う

体は適度に疲労させた方が心地よいと、専門家たちは言います。よく「疲れた、疲れた」と連発している人がいますが、そんな場合は、頭の疲労であることが多いそうです。頭ばかり使って、体を疲労させていないので、バランスが崩れているのです。

頭の疲労の回復には、体を疲れさせることが必要。一見矛盾しているようで、大切なことだと高橋順子さんは言います。

「生活が便利になった上に忙しい今の50代は、運動不足というより、動き不足なんです。ですから、いきなりスポーツしようと思わずに、まずは動くことから始めてください」

階段の昇り降りに始まって、バス停一駅分を歩いてみる。立ち上がって筋肉を伸ばしてみるなど、とにかく、動こうという意識を持つことが大事です。

誤解しがちなのが、「運動」と「労働」の違い。ハイヒールで荷物を抱えて一日歩き回ったから運動したと安心するのは、間違い。これは「労働」であって、「運動」とはいえません。労働は疲れが残るし、体の一部しか使わないので、どんなにクタクタになっても、結局体づくりにはあまり役立たないのです。けれど、忙しい盛りの50代は、まだまだ労働の毎日です。運動不足になるのも仕方がない事情を抱えています。

そんな時にうれしいのは、他人にやってもらうマッサージでも、一種の運動効果になるということ。とくに悪いところはなくても、美容院やエステに行く感覚で、マッサージに通う50代も増えているようです。体の定期的なメンテナンスと考えて、お金をかけているという声も聞かれました。

持久筋は、まだ鍛えられる！

ウォーキング、ジョギングに水泳、エアロビクスにダンスなど、多くの50代が体を動かし始めています。ただし動機は、「健康のため」ばかりではないようです。

ショーウィンドーに映った自分の姿を見て、あまりのオバサン体型にガックリした経験をきっかけに、運動を思い立った人もいます。また、「せっかく子育てからも解放されて自由になったのだもの。子供の頃やっていた日舞を始めよう」と、体を動かし始めた人もいます。

雑誌『ランナーズ』の編集長、下条由紀子さんは、「夫の趣味だったジョギングを、見てるだけじゃつまらないと、一緒に楽しみ始めた人も多いんですよ」と教えてくれました。そんなきっかけで始めた人が、今や旅行を兼ねて、夫婦で全国各地で開催されるマラソン大会に市民ランナーとして出場する熱心さだそうです。

汗をかくことの爽快感に目覚める50代は、確実に増えています。初めはウォーキングから、次第にゆっくりしたジョギングへ。最後には、1時間ぐらいは平気で走れるようになる人も、少なくないのだとか。

「体って、自分で思っているより、もっと先に限界があるんです。そこまで到達すると、さらにその先に限界がある。できないと思っていたことが、次々にできてしまう驚きがある」と下条由紀子さんは言います。

ダンスにはまったと言う作家の松原惇子さんも、「小さい頃から体が固くて、前屈した時に一度も手が床につかなかった。なのに今はピタッとつくんです。訓練すれば、体って柔らかくなるんですね」と驚きを隠せません。50歳から踊り始めて4年。実感のこもった言葉です。

こうして、それまでは知らなかった体の可能性を発見すると、面白くてやめられないというのにも頷けます。立っているだけでも辛かったのが、いつの間にか、走ったり踊ったり。

「瞬発力を出すための速筋は、基本的には若い頃にでき上がってしまう。でも、立っている時に使う持久筋は、50代からでも鍛えることができるんですよ」と、スポーツコーディネーターの新井恵子さんは太鼓判を押します。

ただし、これは何でもそうですが、スポーツを始める時は、若い頃にできたレベルを基準にしないこと。50代まで放っておいた筋肉は、自分が思っているより退化していることを念頭に置いて、初めの一歩を踏み出すようにしてください。

水中運動は、50代に最適のスポーツ

50代に勧められている運動の一つに、アクアフィットネスがあります。アクアフィットネスは、水の中で行う運動ですから、関節によけいな負担をかけずに、無理なく効果的に体を動かせるのが特長。水中では、筋肉も伸ばしやすいので、筋肉痛になる不安もないそうです。また、ただ水につかっているだけでも、散歩以上に代謝が活発になるというデータもあります。

新井恵子さんがアクアフィットネスの指導をする時は、顔は水につけずに、首から上は外に出そうと提唱しています。

「目の筋肉を使う、声を出す、笑う。これらは全て脳の活性化につながるからです。顔は水の外に出して、風景を眺めたり、みんなでおしゃべりしたりしながら、やって欲しい。脳が活性化し、免疫力もアップしますから」

仕事の合間にプール通いを始めた高橋順子さんは、水の中だとお化粧もいらないし、水着一つ持って行けばいいから、準備も簡単。思い立った時にできる気軽さに、魅力を感じています。水に入ってしまえば、少しぐらい太っていても痩せていても気にならない。そんなところも気に入っているそうです。

50代からダンスにはまる！

「スポーツクラブに通っていて、ある時たまたま、スタジオでクラシックバレエをやっている人たちを見たんです。50代の人、60代の人、70代の人もいるんですよ。みんなかわいいチュチュをつけて、きれいな音楽に合わせて踊ってる。それを見て、私は子供の頃から踊りが好きだったことを思い出しました」と言うのは、松原惇子さんです。松原さんは、早速そのクラス

ノンフィクション作家　**松原惇子さん**

まつばら・じゅんこ　1947年、埼玉・川口生まれ。「自分で言うのもなんなんですが、私、痩せてキレイになっちゃったの。歩く時の姿勢もピンと伸びて、もう少女のように軽やか。横断歩道なんかも、スキップして渡っちゃう」とにっこり。バレエを続けているスポーツクラブの利用料は、月額1万5千円。サウナなどの施設も利用できるから実益も兼ねていると、再び笑顔。大好きな時間を持つと、大好きな自分になれるということを実践してみせてくれた方です。著書に『私、恋したみたい、自分に』（三笠書房）など。

画家　山岸幸子さん

やまぎし・さちこ　1949年、茨城生まれ。スケッチをしていて出会ったというフラメンコ。体の隅々まで動かす快感について語ると、尽きることがない様子。詩があって、歌があって、ギターがあって……と、目をキラキラ輝かせます。フラメンコの手を叩くことを、パルマというそうですが、そのパルマが上手に、間合いよく打てるようになることだけに集中した時期もありました。サパテアードという靴音も、音楽。それにスカートとペチコートの色の組み合わせやピキージョと呼ばれるスカーフ選びは、色彩の世界。五感を研ぎ澄ますことを要求されるフラメンコに、山岸さんは一生をかけて応えるつもりです。写真は、スペインの舞踏家カルメン・グレコさんと。

に入り、バレエを始めました。50代になったばかりの時です。

他にも、「これ、これ。これがやりたかったのよ」とダンスを始めた人がたくさんいます。忙しかった暮らしも一段落。好きなのにできなかったことに、チャレンジするなら今しかないと踊り始めました。

画家の山岸幸子さんは、これまで生きてきて、「私はまだこの体の隅々まで使ってあげたことが一度もないじゃないか」と、ある時思い当たったそうです。その時出会ったのがフラメンコ。今では、週一度のレッスンは絶対に休まない。まわりの人には、プロになるわけでもないのに、何もそこまで一生懸命にならなくても、と言われるほど、すっかりフラメンコに夢中です。

他にも、シェイプアップのためにフラダンスを始めたという人、25年ぶりで、昔習っていた日本舞踊を始めたという人……、ダンスにはまった50代たちの声は弾んでいます。

たとえば、鼻歌を歌いながらお料理するのが楽しいように、音楽に合わせてただ体を動かすだけで気持ちいい。子供は音楽が流れると、リズムに合わせて自然に体を動かす。踊ることは、人間の本能なのだという実感があります。

その上、小さな目標を少しずつクリアしていくうれしさもあります。昨日まで上がらなかった足が、今日は腰まで上がったとか、ついにクルッときれいなターンができたという具合に、踊りのイメージに近づいていく自分の体に感動します。

上達すれば欲も出てきます。フラメンコの山岸幸子さんは、「いつまでたっても思い通りに踊れない。やればやるほど奥の深さが分かって、もっと、もっとと欲張りになる。プロになるわけじゃないけれど、あまり簡単じゃ物足りない」と本場スペインへの旅を決行しました。ダンスにはまるほど、その国の歴史や文化まで知りたくなって、海外に行くのも初めてなら、飛行機に乗るのも初めてという山岸さんが出かけて行ったのです。ダンスがとりもってくれた貴重な国際交流を体験した2カ月の旅でした。

ダンスの知られざる楽しみ

衣装を身につける楽しみも、ダンスならではのこと。

フラダンスは、色とりどりのパレオを巻いて、髪には花を。フラメンコは、スカートとペチコートを組み合わせて、「ピキージョ」と呼ばれるスカーフや花、櫛などでアクセントをつけます。クラシックバレエは、思い思いの色のレオタードやチュチュ。日本舞踊が楽しいのは、藤娘や芸者の衣装を着られるからと言う人もいます。

「普段とても着られないような派手な服を、堂々と着られる」、「衣装を着て踊る自分の姿にうっとり」など、遊び心たっぷりの言葉も飛び出しました。衣装を身につけるのは、隠れていた変身願望を満たすことにもつながっているようです。

「みんなに上手ね、感動したわと言われて、もしかして私、ダンサーになれちゃうかもなんて勝手に思い込むのも、自由でしょ」といたずらっぽく微笑むのは、松原惇子さんです。

松原さんが通っているようなスポーツクラブのバレエなら、正確な動きやステップを求められるわけではないし、「ヘタでも、間違えても、全然平気！」なのだとか。自分では肩のあたりまで足が上がってるつもり。背中もぐ〜んと反らしてるつもり。自分で自分に陶酔してしまう楽しみに徹しています。

けれども皆さん、自分の踊りをビデオで見た時には、恥ずかしさで卒倒しそうになるそうです。足はヒザの高さまでしか上がってないし、背中も全然反ってない。あまりのイメージとのギャップにがっかり。「ビデオなんか燃やしてやる！」と、八つ当たりもしてきました。

「ビデオは撮らないこと、見ないこと。落ち込んでやめたくならないようにね」は、初心者に向けて挫折しないための、貴重なアドバイスでした。

また、定期的に人に披露する発表会の場は、大きな楽しみになっています。

日本舞踊を習っている石合美智子さんは、「一度スポットライトを浴びて拍手喝采を受けると、やみつきになってしまう」と目を輝かせます。発表会までは緊張の連続でも、ステージの幕が下りたとたんに、次の発表会では何を踊ろうかなと考えているそうです。一瞬の晴れ舞台ですが、これが目標になって続けている人も多いよう。自分たちで会場を用意したり、パンフレットを作ったり。そんな作業も、仲間が心を通わせる楽しい時間です。

ダンスといえばソシアルダンスが一般的ですが、50カラット会議の面々はどういうわけか、「ひとり踊り」が好きなようです。

踊りで、キレイになりました！

「あなたはフラメンコね」「あなたは日本舞踊？」

ダンスが好きな人は、お互いに一目見て、何を踊っている人かを当てられるそうです。端から見ても、ダンスをしている人は姿勢がいい。歩く姿もステップの一部のようにリズミカルです。これも、日頃から鏡に映った自分の姿を反省しているのと、人目にさらす緊張感が体を引き締めてくれる結果なのでしょう。

バレエを踊り始めたら、72センチだったウエストが63センチに。お尻もキュッと締まって、体のラインが若い頃に戻ってしまったというのは、松原惇子さんです。「着られなくなって人にあげてしまった洋服を返してもらいたいわ」という言葉に、さすがの50カラット会議のメンバーも「うらやましい！」と、ため息をもらしていました。

エネルギーを使うから、痩せることはなくても太らない、という実感を持つ人もいました。もっとも、多少体重があっても、きちんと出るところが出た体型は、それはそれでダイナミックな動きが出るから、ダンス向きなのだそう。どちらにしても、踊っている人はキレイです。また、踊り始めたら風邪ひとつひかなくなった、若い頃から悩みの種だった肩凝りがなくなったと、ダンスは体を強くしているよう。

「足は第二の心臓ともいわれ、血液を体中に運ぶポンプの役割をしているでしょ。その足の筋肉が強くなるから、全身の血の流れもスムーズになっていく」と、フラダンスの芳賀日登美さんは言います。

「踊りは、有酸素運動の典型。ですから、心拍数が安定し、血圧やコレステロールの数値が下がる効果も期待できるんです」

だからといって、やり過ぎは禁物です。「一見しとやかに踊っているように見えて、実は、腰を落とした姿勢をキープするのに、大変な力が必要なのが日本舞踊。ヒザや腰にはかなり負担がかかってしまいます」と、石合美智子さんは話してくれました。美しい衣装の下に、スポーツ選手ばりのサポーターをつけている人も多いそうです。

何もオリンピックに出るわけじゃないのだから、そこはコントロールが必要。無理なく楽しむのが、50カラット会議流です。

親のこと、仕事のこと、健康のこと、老後のこと……あれこれ考え始めると不安も多い50代ですが、踊りはそんな不安を解消する特効薬でもあるようです。

その秘密は、踊っている時には何も考えない。頭が真っ白になって無我の境地になれること。踊りに集中して雑念が吹き飛ぶから、それだけで頭がスッキリしてしまうのだそう。その上、踊った後は熱いシャワーやお風呂に入って、冷たいビールで締めれば、もう最高。

フラダンスの芳賀日登美さんは、「無愛想で通っていた近所の奥さんも、ダンスを始めてからは、感じがいいと評判になったんですよ」と、笑い話のような本当の話をしてくれました。

「金曜日まで悩んでいたことも、土曜日にダンスの教室に出れば、すべて解消。ダンスを始めてから、落ち込めと言われても落ち込めなくなりました」と笑う人もいました。

今回の会議を通して実感したのは、時には、肉体が精神を先導してくれることもあるのだということ。「この喜びを知らないでいたら、人生の半分を損したと思うわ」とは、石合美智子さんの言葉でした。

今日からできるのが、ダンスです

実際には、いざダンスを始めようかと思っても、何となく気後れして、尻込みしてしまう人も多いことでしょう。

でも、経験のある、なしは一切関係なし。とにかく始めてみれば、誰でも最初は上がらなかった足がちょっと上がり、次にまたちょっと……という具合に、きっと踊れるようになるから、心配は無用のようです。

それに、若い頃に始めるダンスは技術を競うことになりがちですが、これから始めるダンスは体づくりと、自分を楽しませるためのもの。気持ちが安定して、楽しむ余裕もある50代だからこそ、今が始めるチャンスです。

「やろうと思ったら、すぐにできるのがダンス。スクール選びには、情報誌を活用することをお勧めします」と言うのは、松原惇子さんです。習い事の学校を紹介する雑誌には、あらゆる種類のダンス教室の情報が満載だそうです。近くて通いやすそうなところをピックアップして、片っ端から電話してみるのが松原さん流。

電話の対応ぶりでだいたいの感じが分かるから、良さそうだと感じたら、即見学したり体験入学すればいいと、最初の一歩を踏み出す方法を教えてくれました。

教室では自分が年上でイヤだなと臆するより、一生懸命の若い人たちに囲まれてウキウキする方が、とけ込めます。あなたも気持ちをオープンにして、久しぶりにまた生徒になる楽しさを味わってください。

SPORTS

「歩く、走る」を日常の楽しみに変える

『ランナーズ』編集長　下条由紀子

私は仕事がら、市民ランナーの方たちと接する機会が多いのですが、彼らのほとんどが「運動は苦手だけれど、歩くとか走るぐらいならできそう」とランニングを始めています。

時間や場所を問わずできて、特別な道具も要らない。短時間で効果があるという意味では、「歩く、走る」は、健康づくりに最適な運動なのです。

さらにジョギングは、女性の体質にとても合ったスポーツ。女性は繊細な感性を持っているので、走りながら目に飛び込んでくる四季の移り変わりに喜びを見いだします。その上、物事を地道に続けることも得意です。

「何キロ痩せたい」、「もう少し体力をつけたい」と目的はさまざまでも、続けるキーワードは〝楽しい〟と思えること。自分に合った楽しみや目標を見つけて、生活の中に取り入れてみてください。

1 はじめの一歩は「ラジオ体操」から

初心者のウォーミングアップとしておすすめしたいのは「ラジオ体操」。特別なレッスンも要らないし、しっかり全身を動かせば、体をほぐすのにちょうどいい運動になります。テレビで放送されている、ラジオ体操番組などを利用して、体を動かすことを毎日の習慣にしてしまいましょう。

ラジオ体操人口は、全国で3千万人とも言われていて、早朝にやっている公園も意外と多いもの。まずは、ラジオ体操をするために公園までお散歩という感じでスタートしてみるのも、いいかもしれません。

この体操は、ウォーキングやジョギングを始めてからも、ウォーミングアップとして必ず行うようにするとよいでしょう。

2 週2回のウォーキングで体づくり

ウォーミングアップをしたからといって、50代のスポーツ初心者がいきなり走るのは、ちょっと無謀。

第1段階は散歩の延長の「ぶらぶら歩き」、第2段階は少し早足で歩くことで、走るための体づくりをしていきます。

いずれも運動量の目安は、週2、3回、各30分程度。ジョギングの基本姿勢が「歩くこと」なので、走るための正しいフォームを身につける練習にもなります。

普通の「歩き」よりちょっと速いくらいのウォーキングに慣れたら、さらにスピードを上げた第3段階の「エクササイズ・ウォーキング」へ。長くリズミカルに続けることで、それに体が馴れてきます。季節の変化や、戸外を歩く気持ちよさを感じながら、体力に自信をつけていきましょう。

こうなると、そろそろ自宅周辺に2、3種類のホームコースを作っておくことも必要になります。公園や川沿いの道など、ランニング用のコースがなければ、自宅を出発点に、自分が楽しめるコースを見つけましょう。

植物好きなら「ご近所ガーデンめぐりコース」、歴史好きのための「お寺めぐりコース」など、遊び感覚で作っておくのも楽しいのではないでしょうか。

体調や気分によってコースを使い分けてください。3キロコース、5キロコースなど、地図で距離を調べておくと記録もつけやすく、励みにもなります。

3 いよいよジョギングに挑戦！

走り始める前に、まずランニング専用シューズとウエアを揃えます。ウォーキングとジョギングでは足にかかる負担もまったく違うので、シューズを変える必要があります。

足を包み込むフィット感があって、「これだと、なんだか走りたくなるわ」と思える、心がウキウキするようなシューズを選ぶことが大事です。機能性については、スポーツ用品店のスタッフに相談しましょう。

元気がない時は明るい暖色系、暑い季節にはクールな印象の寒色系と、ウエアとシューズをコーディネートしたり、普段は着こなせない色柄を選んでみるなど、ファッションも楽しみの一つです。

最初は、速足で歩く人に遅れるぐらいの5

分300メートルを目安にゆっくり走ることからスタート。苦しくなったら歩いて、息が戻ったらまた走る。ラジオ体操を入れて、30～40分続けられるようになるといいですね。長く続けるためにも、体に負担のないゆっくりしたペースをつかむことが大切です。週2日でいいから、まず2週間。さらに1カ月、3カ月と続け、なんとか半年続けてみましょう。

体が軽くなって、確実に体脂肪が減りますし、体型が変わったことを実感する人も多いでしょう。心と体がイキイキと活性化してくると、走ることがどんどん楽しくなってくるはず。体重と歩数、運動時間など、記録をつけることも、体の変化を確認するのに役立ちます。

ただし、無理は禁物。疲れていたり、眠い時には休息を優先するなど、自分の体の声に耳を傾けながら続けてください。

4 続けるための、生活リズムを作ろう

運動は習慣化しないと効果が出ないし、楽しくならないもの。楽しく続けるためにも、自分の生活リズムの見直しが必要です。

肉体的な効果の面では、一日のどの時間帯に走っても効果は同じ。個人的な経験からいえば、朝走るのが一番気持ちがいいし、精神的な高揚感が夜まで続きます。ランニングから戻ってシャワーを浴びると、気持ちがピシッと引き締まって、「さあ、今日も元気にやるぞ」という気持ちになります。

忙しくて時間がないという方に提案したいのが、早起きしての「朝練」。朝1時間早く

起きて、朝練という生活リズムに切り換えてみてください。適度な体の疲労は、深くて質のよい眠りにつながるので、睡眠時間が減ったとしても、充実した睡眠が得られるはずです。「よく眠れない」といった症状の解消にも効果があります。

さらに、走ることに慣れてきたら、自分なりの目標を見つけてみましょう。習い事の発表会のように、ランニング大会（レース）にも、5キロ程度のものからフルマラソンまで、国内だけでもたくさんあります。いずれは「ホノルルマラソンに挑戦！」なんて大きな夢が持てたら、走り続ける元気もわいてくるのではないでしょうか。気の合ったランニング仲間を2、3人見つけるのも長く楽しむコツです。

50's DATA NOW

■テーマ「50代の運動の実態について」
■アンケート対象者　全国の50代女性176名
■実施期間　2001年9月

Q 毎日の生活の中で、体をよく動かしていますか？

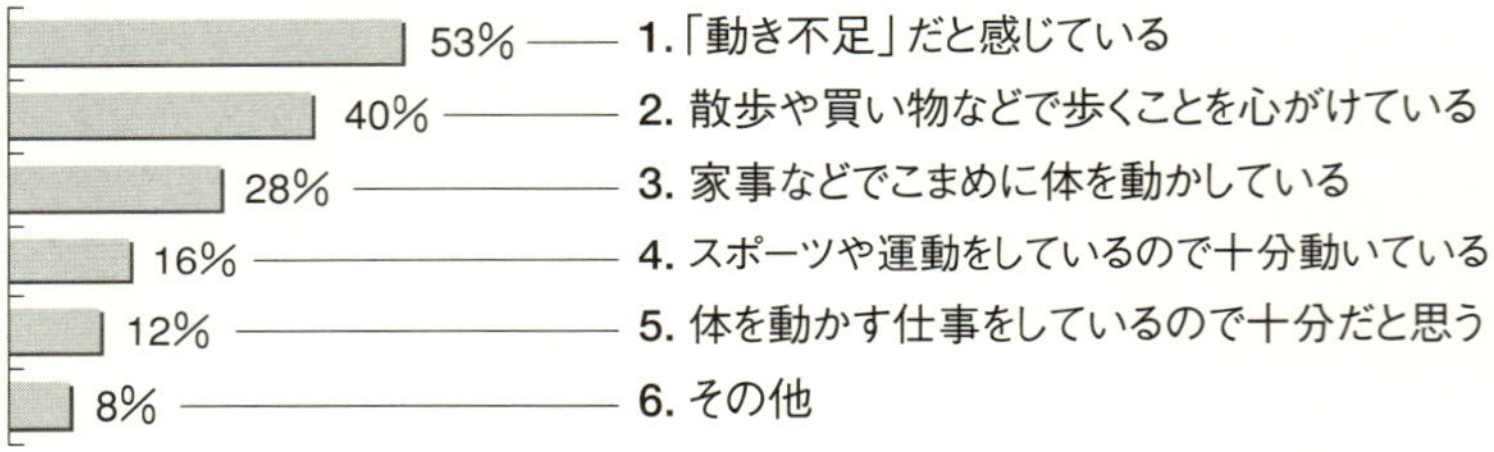

53%　1.「動き不足」だと感じている
40%　2. 散歩や買い物などで歩くことを心がけている
28%　3. 家事などでこまめに体を動かしている
16%　4. スポーツや運動をしているので十分動いている
12%　5. 体を動かす仕事をしているので十分だと思う
8%　6. その他

Q「動き不足」が原因と思われる体調の変化について

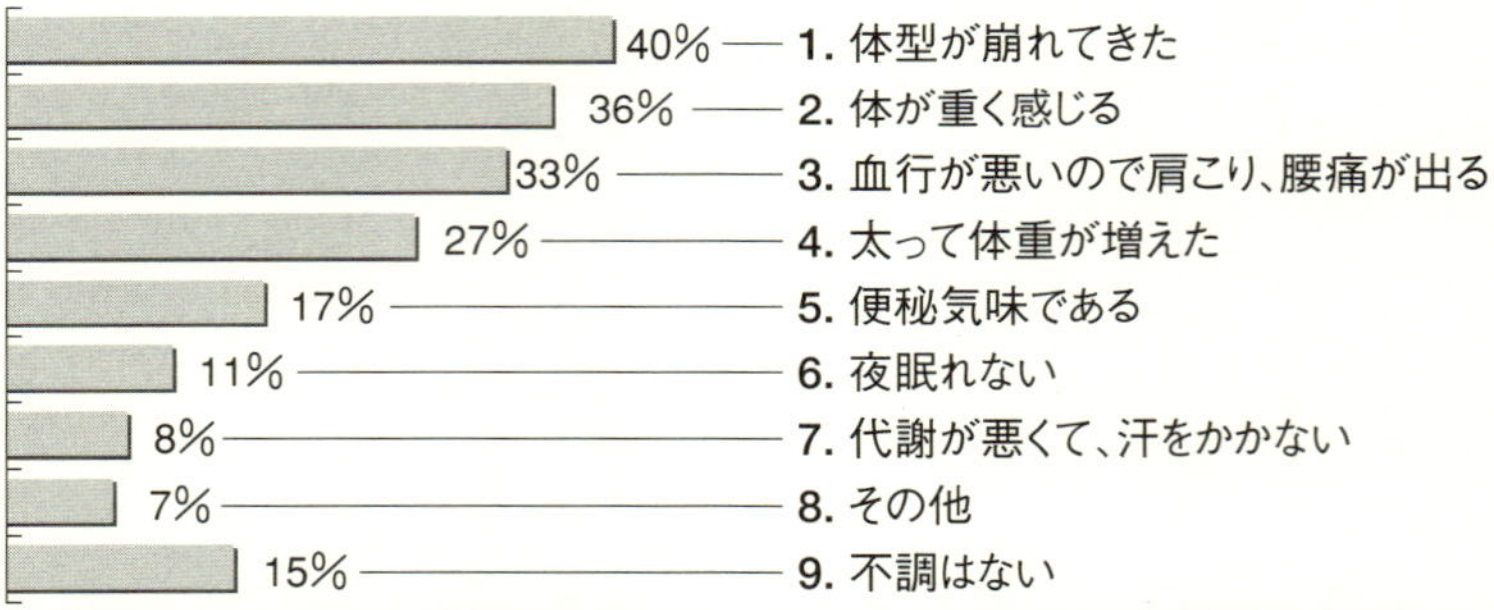

40%　1. 体型が崩れてきた
36%　2. 体が重く感じる
33%　3. 血行が悪いので肩こり、腰痛が出る
27%　4. 太って体重が増えた
17%　5. 便秘気味である
11%　6. 夜眠れない
8%　7. 代謝が悪くて、汗をかかない
7%　8. その他
15%　9. 不調はない

あなたの「元気づくり」は？

●テニスを始めて持病の胃炎が治った。私の場合、スポーツがストレス発散に。

●四季の変化を楽しみながら10年近く、一日3キロぐらい歩いている。もうやめられません。

●素敵な洋服への期待と願望で、毎日腹筋とダンベルを30分やっています。

●猫背を伸ばすように心がけています。

ダンスの魅力について

●音楽に合わせて体を動かす。人に見られるという多少の緊張感がよい。

●短い時間でも思い切り汗をかくと爽快。夜もぐっすり眠れます。

●一年中、自分のスケジュールに合わせて踊れるので、続けやすい。

●踊ることに集中することでストレス解消。とにかく楽しい。

〈アンケートの記述から〉

part 9 brain

脳の「キレイ」を保つために

出席者

大野美都子（セラピスト）
川村みづえ（イラストレーター）
小林照子（美容研究家）
佐藤千恵子（イベントプロデューサー）
塩沢圭子（アートディレクター）

近頃よく物忘れはするし、集中力も低下気味。何もかも分かった気がして好奇心が薄れたり、人に会うことも面倒になってきたという話が、出てくる年代になりました。

50カラット会議から、各分野で活躍中の女性たちにアンケートをお願いしたところ、68名の方から回答をいただきました。その結果、「脳の健康に大いに関心ある」と答えた人は、60％にも上りました。ボケへの不安はさておいても、とりあえず頭を元気にしておく努力の必要性は、多くの人が感じているようです。

「ちょっとミーハーだけれど、タレントに大騒ぎするのも、元気のもと」というセラピストの大野美都子さん。その言葉に力づけられて、ワクワクすることが脳の栄養になるという話に盛り上がった仲間は、イベントプロデューサーの佐藤千恵子さん、イラストレーターの川村みづえさん、美容研究家の小林照子さん、アートディレクターの塩沢圭子さん、という方々です。

いずれの方も、自分を好きでいるための努力をしながら、まわりの人たちからも憧れられる存在でありたいと、自分を磨いてきた人たちです。

まだまだボケには早いけれど、脳にも〝くすみ〟や〝たるみ〟が

元気がないのは体、それとも心？

「友達と話していて、俳優の名前が出てこずに」イライラする。「人の名前を間違えて呼んでしまって」恐縮する。「あれ、これ、それ、と固有名詞抜きの会話に気づいて」愕然とする……。職場で、渡された書類を「受け取っていない」と言い張った経験まであります。

この頃、つくづく物忘れがひどくなったと感じています。

腰痛、頭痛、めまいや腱鞘炎《けんしょうえん》。更年期症状と重なって、体の不調を感じることも増えました。年を取ったとまでは思わないけれど、体力がなくなっているのは確かです。体が落ち込むと、気持ちも沈んで、ここぞという時の集中力や気力もダウンします。

「今までできていたことが、できなくなる。こんなはずではと焦って、今度は本当にダウンしちゃう」という事態に陥ったと言うのは、アートディレクターの塩沢圭子さんです。仕事量は若い時と同じでも、50代の体にはオーバーワークになるのです。

体力が落ちると、生活も消極的になりがち。外出するのが億劫《おっくう》になって、遊びのお誘いもパス。「家でゆっくりお風呂に入ってた方がいいか」などと、ラクな方を選択している自分に気づきます。こんな状態も、心身一如というのでしょうか。

40代までは、疲れも吹っ飛ぶぐらい好きな遊びがあったけれど、そんな遊びも億劫になった、などということはありませんか。

刺激が、元気な脳をつくる

同窓会に出席すると、同じ年齢なのに、外見も考え方も老け込んでしまった人と、若々しい人との差が歴然としていて、ハッとすることがあります。その差はいったい、どこからくるのでしょうか。

美容研究家の小林照子さんは、「何を見ても、聞いても、そんなの当たり前と、驚きや感動のない暮らしをしていると、脳は早く衰えてしまうのではないかしら」と、脳の力に注目します。

「生きることに必死な貧しい国に行くと、毎日が食べるための闘いという緊張感でいっぱい。だから、人々の目の輝きが全然違いますよね」

脳を元気にしておくには、自分をハングリーにしておくことが大切だといいます。けれど、いつも新鮮な刺激を受けられるような状態に自分を置くということは、大変な努力が要ります。家の中にいても、テレビの前に座れば世界旅行をしている気分になるし、本屋さんに行かなくても、インターネットで本の注文ができてしまいます。そんな時代にハングリーさを感じるとすれば、それは人と「出会いたい」と思う気持ちではないでしょうか。

テレビ番組や本に感動したとしても、人との触れ合いから得られるものにはかないません。感動し合える人間関係や、そのチャンスを持ち続ける努力が、脳の力を育てるのだと思えます。

セラピストの大野美都子さんは、「記憶力が衰えた代わりに、人間に対する感受性が磨かれてきたと感じることがある」と言います。

「心理療法のワークショップをやっていても、今の方が、頭ではなく心で人の気持ちをキャッチできるようになった気がします」

年をとってこぼれ落ちるものもあれば、年齢を重ねたからこそ磨かれるものもあるのです。

老人ホームでボランティアをしている、美容研究家の小林照子さんからは「ボケが始まってぼんやりしているようなお年寄りでも、顔のマッサージをしてお化粧してあげると、脳が覚醒して、積極的に人とコミュニケーションをとるようになることがあるんです」という話が出ました。

身だしなみや外見など、常に自分にかまう気持ちが、元気な脳を作る秘訣。今回の出席者も、皆さん、自分をキレイに保つ努力は怠らない方々ばかりです。

病院で年齢を言ったら、「先生に驚いたような顔をされた。それだけのことなのに、若く見えたのかなあ、なんてちょっぴりうれしくなっちゃう」と誰かが言えば、「そう、そう。八百屋のおじさんにお世辞を言われただけでも、一日楽しいんだから」と笑う人もいます。

いつも人から誉められる自分でいたい。そんな気持ちが脳を元気にするようです。しかし実際には、50代女性のお化粧は「もうトシだから自然でいいの」と放置する派と、「きちんとお手入れする」派とに二極化しています。

お手入れ派の毎日には、人目に触れる自分への緊張感や、楽しさがありそうです。脳を元気にするという目標からいえば、気持ちよくお化粧できた日の元気を思い出して、鏡に向かうことをお勧めします。

イラストレーターの川村みづえさんの、96歳になるお母さまは、今もネックレスをしたりしてオシャレを楽しんでいらっしゃるそうです。「それは若さにしがみつくことではなく、むしろ老いを受け入れながらも、そこでイキイキと生きるための智恵」と、川村さんは言います。もちろん、お母さまは、ボケとは無縁だそうです。

ミーハーになろう

実際の商品を使わなくても、化粧品の広告を見て「どんなものかな」と好奇心を持つだけで、脳が刺激される。脳が刺激されれば、肌もキレイになるし、目も輝いてくるのが実感できるそうです。

好奇心旺盛な人は、感動するシーンにもよく出会います。

「日常生活の中でびっくりすることは多い。テレビでイカの一生を追ったドキュメンタリーを見て、なんてイカって偉いんだろうって感動しました。ニューヨークのセントラルパークで見たハチドリは、あんなに小さいのにちゃんと生きている、しかも何てキレイな色なのかしらと感激。最近では、雲の切れ間から紫色の光がさす海にも心打たれました」

こう話すのは、アートディレクターの塩沢圭子さんです。

セラピストの大野美都子さんが「人からもらう感動にも、敏感になりました」と言えば、「若い男の子からもらうエネルギーには、うれしくて楽しくて」という発言も。「俳優の藤原竜也がいいわ」と誰かが言えば、「お気に入りのアイドル歌手や、ハンサムな映画スターを見つけると、夢中でCDを聴いたり、ビデオを見たりしちゃう」、「あっ、それ分かる！　若い人ではないけど『風とライオン』のショーン・コネリーが大好き」などと盛り上がります。

不思議なもので、好きだと思うと、難しい外国名だってちゃんと覚えます。「私なんか、自分の息子がたまに帰ってくるだけで、もううれしくって」、「カッコイイ宅配便のお兄さんが来るだけで、ドキッとしたりして」といった言葉には、大笑いです。

こういうの、「ミーハーなオバサンかしら」と敬遠する人もいるかもしれません。でもこの際、余計な分別を捨てて、ミーハーであることを恐れなくなった自分を楽しんでしまうのが、いいのだそう。

人に憧れる気持ちは、プラトニックな恋愛にも似て、脳を元気にしてくれます。

「そういえば、夫も、若い外国人の女の子がホームステイした時は、がぜん張りきって若返っちゃいましたよ。家の中でも洋服をちゃんとコーディネートしたりして」と誰かが言う通り、男性の場合もそれは当てはまるようです。

やっぱり人間が面白い！

働く50代は、いやでも周囲からの刺激を受ける環境にいます。

「取引先が増えるたびに、新しい分野の勉強をしなければなりません。時代はめまぐるしく

イベントプロデューサー　佐藤千恵子さん

さとう・ちえこ　1949年、東京・深川生まれ。ファッションショーのプロデュースが仕事の中心だった頃に比べると、最近は美術館のイベントを企画したりと、仕事の幅が広がって、大忙し。モデルたちと一緒に仕事していた時期に磨きがかかったファッションセンスは、50カラット会議でも注目の的。50代になって、「いつかは、真っ赤なコートが似合うおばあさんになりたい」と願うようになったそうだけれど、「きっとなれる」と周りは太鼓判を押しています。普段は都心で仕事と同体の暮らし、週末は夫のいる銚子めざして電車に飛び乗る「中距離夫婦歴」10年余。「夫がつくる干物は、そりゃあ美味しいのよ」と送っていただいたイワシの丸干しは、絶品でした。

セラピスト　大野美都子さん

おおの・みつこ　1942年、東京生まれ。大学の学生相談室でカウンセラーも務めるけれど「インタビューされる側になるのは緊張しちゃう」。自分を元気にする方法は、気功で思い切り体を動かすことと、ぼんやり何もしない時間を持つこと。大の本好きで、いつも本は手放さず、老眼鏡は首からかけ放し。お鍋を火にかけている間も本を読んでいるそう。最近「若い人たちからエネルギーをもらう」ことを実感しています。ミーハーでしょと笑いながら「かわいいアイドル系の男の子のテレビを見ていたら、力をもらった気がしたのよ」と言います。笑顔がやさしくて、お話にあいまいさがなくて、別れ際はいつも「楽しかった！」と言ってくださる。心遣いのプロなのです。

変わるから、何十年もやっている仕事でも気は抜けない。未だに、初めての問題に直面するんです」という塩沢圭子さんの言葉は、働く50代に共通する気持ちでしょう。

イラストレーターの川村みづえさんは、描く人物に着せるファッション、ヘアスタイル、サングラス等の小物一つにも流行を取り入れ、時代の先端を走っています。一方で50代になってから、3年かかって、死にものぐるいでパソコンをマスターしたと言う人もいます。こんなのしんどいから、もうやーめたと降りるわけにはいかないのが仕事です。

セラピストの大野美都子さんも、「仕事を通じて智恵がついたり、視野が広がったり。自分はダメだという思い込みからも解放されたり。仕事を続けることで、脳が元気になっていきます」と語ります。

大野さんはプライベートな生活でも、新しい刺激を受けることには積極的です。音楽会や人との食事も、誘われたら出かけて行くようにしています。

そういう意味では、この50カラット会議も、新しい人との出会いの場になっています。普段は出会う機会のない人たちが話し合う場なので、話をしているうちに新しい友人ができたり、気の合う仲間を得たりということもあるようです。

また、私も一員に加えていただいている「神楽坂女声合唱団」は、団長の料理研究家、小林カツ代さんをはじめ、画家、彫刻家、ジャーナリスト、放送関係者、学者などなど、いろいろな職業の方が集まります。歌う楽しみはもちろんですが、それぞれが異なる仕事やライフスタイルが混じり合う面白さを、実感しているように見えます。

学生時代の同級生たちを見ても、家庭を中心にした人の輪を広げています。夫の仲間や、後輩の奥さんなど、年齢も立場も違う人との出会いを重ねるうちに、ネットワークができて、年齢を超えた友達の輪ができているようです。好奇心さえ失わなければ、友達が減って淋しくなる状況とは無縁です。

以前は頻繁に会っていた友人と、年に一度しか会わなくなったり、逆にあまり会わなかった人と連絡を取るようになったり……。人間関係の地図が変わっていくのも50代。

「新しい人との出会いで、人生が変わっちゃいました」と言うのは、川村みづえさんです。たまたま若い女性建築家と出会ったことがきっかけで、気に入っていた古い家を、建て替えてしまいました。その建築家は、夫もアナーキーな芸術家で、今までまわりにはいなかった全く新しいタイプの〝不良〟なのだとか。すっかり彼らに影響され、古い家具も全部捨てて、モダンな家具にすべて取り替えてしまったそうです。暮らし方を変えたついでに、生き方も変えてしまえと決意したというのだから、徹底しています。

「これは、わが家の歴史に残る事件でした。一人の人間に出会ったために、考えもしなかった人生を歩んでいるのですから」と、思いがけない展開を驚き、楽しんでいる川村夫妻です。

ボケない暮らし方、模索中です

健脳の食品やサプリメントも、このごろ注目されるようになりました。DHAやEPA、イチョウの葉や大豆レシチン、ビタミンB12など、脳の老化防止に効果があると言われています。けれど、これらの情報を知らなかった50代も多いようです。食生活も、たとえば「丈夫な骨を作るために、ゴマや牛乳をよくとるようにしています」と言う人はいても、脳に良い食べ物となると、とくに意識はしていません。

脳の老化を意識し始めたものの、もし自分がボケたら……と想像するまでにはいたりません。「ガンになるかもしれない覚悟はあっても、ボケるかもしれない覚悟はできていないんですよね」

とはいうものの、脳を活性化する食生活に興味がないわけではなさそうです。

川村さんが、「うちの母は90代ですが、玄米と大豆食品、野菜ジュースで、ボケもせず元気で長生きしているんですよ」と話せば、出席者の皆さんが耳をそばだてます。

私たちは、防腐剤いっぱいの食品と、汚染された空気と水で育った世代。私たちの母親世代以上に、体の浄化が必要なことは言うまでもありません。

一方で、「そんな悪い環境で育ったんだから、私たちは80歳、90歳までは生きられないかもしれない。かえってボケの心配もなく、早く死ねるんじゃないかしら」という楽観的な声も上がりました。

脳の老化についての学説も、「年齢とともに脳細胞は減少する」から「減少しない」に変わり、まだ揺れ動いて定着していないといいます。脳の健康は、まだ未開拓な分野のようです。ボケるかもしれないし、ボケないかもしれない。だったら、脳だけではなく体全体が健康であることを目指したい。50カラット会議の結論は、そんなところに落ち着きました。

ボケたら、という不安はあるけれど……

頭にメガネを乗せたまま「ない、ない」と大騒ぎするなど、物忘れのひどさにあきれてしまうのは日常のこと。物忘れとボケとは違うと分かっていても、やはり脳の働きぶりが気になるこの頃です。

もうすぐボケが始まるという緊迫感はないけれど、自分は絶対ボケないという自信もない50代。何より不安なのは、原因が分からないから、対策も立てられないということ。

中にはひそかに、「自分は仕事で脳をさんざん使ってきたから、もしかしたら大丈夫かな」

と思いたい人もいるようですが、自分より頭を使っていそうな大学教授が……などという話を聞けば、すっかり自信喪失。

周囲で、「えっ、あの人が⁉　まさか」といった話が出れば、さらにショックは大きくなります。最初に親のボケ症状に気がついたのは、仲良くしていた友人が自分の財布を盗ったと言い張った時だったとある人が言えば、「なるほど、疑り深くなった時は要注意ね」と別の誰かが続けます。「ごはんを食べたのに、食べてないと言い張るのも危険信号。何を食べたか忘れるのはボケじゃないけれど、食べたこと自体を忘れるのはボケなんだって」と、ボケの見分け方についての情報が飛び交います。

「クリエイティブな仕事をしていた人は、ボケ方もクリエイティブらしい。高名な方ですが、自分のうんちを手にして粘土のようにこねてたそうですよ」と恐ろし気な人もいます。

私たちが一番気になるのは、「ボケたら自分はどうなるか」ということです。

「子供がえりして、今まで隠していた本性が出たらイヤねえ」

「自分の中の小さな悪魔が覚醒して出てきたらどうしよう」

「ボケる前に死にたいわ」

など、それぞれの不安の言葉も飛び出して、喧々ごうごう。大変な騒ぎになってきました。

全くの希望的観測とは知りつつも、どうせボケるなら、キレイに可愛くボケたいというのが理想ではあるのですが……。

そんな話をしていると、最近の脳にラクをさせ過ぎる生活にも、反省が始まりました。携帯電話を使うようになってからは電話番号を記憶することもなくなったし、ワープロを使い始めて漢字もすっかり忘れてしまった。昔の人のように体を動かすこともなくなり、このままでは脳の老化が早まるのではと、心配になります。

ボケは原因がハッキリしていないから、自分だけは大丈夫と自信を持つ根拠もありません。両親や兄弟を見て、ボケていなければひとまず安心という程度。なったらその時、というあきらめの気持ちも強いけれど、ただ手をこまねいているわけにもいかない、というのが正直なところです。

誰かのために、何かをするということ

人生80年。自分の頭で考えて、自分の足腰で生活するのは、誰もが理想とするところです。生きているうちは、誰だって自分の意志で楽しんでいたいのです。

ところが、老人介護の現状を見ていると、お年寄りの自立が損なわれていく場面も多いようです。動きがゆっくりになっているだけなのに、気が利く家族が、「あれでしょ、これでしょ」

と何でも先回りしてやってしまい、気持ちも体もどんどん弱ってしまう例もあります。

佐藤千恵子さんによると、「自分はまだまだ枯れてない、ボケてない」と、出された救いの手をパッと払うような人の方が、結果的に元気で長生きするのだそう。

「私が探し物していると、若いスタッフがすぐに『これですね』って差し出してくれるんですよ。そういう環境に甘んじちゃいけないのね」と小林照子さん。

「物忘れしても、助けを求めず、たとえ一日かかろうと自分で思い出すようにしましょうよ」と、決意の弁が聞かれました。

ボケない暮らし方として勧められていることに、「誰かのために体を動かすこと」というのがあります。夫婦二人の生活になり、ひとり暮らしも増えていく環境では、誰かのために何かするということが、だんだん難しくなってきました。人が無理なら、ペットを飼って世話をするのも素敵な方法です。

子供の頃、地域の世話役をしてくれていたのは、元気なおじいさんたち。夕暮れに家の外を掃きながら、子供たちに「もうお帰り」と声をかけてくれたおばあさんたち。

あの頃の方が、健康的な年のとり方ができたような気がするのは、私だけでしょうか。

BRAIN

脳の年齢、チェックしませんか?

指導　医学博士　山口いづみ
作成　50カラット会議

年齢とともに、心もくたびれてきますね。まだまだボケてはいられない、50代の健脳は「気持ちの元気度」で測りましょう。

さて、10年前の自分にくらべて、今のあなたはどうでしょうか。次の質問でその通りと思うものに、○をつけてください。

❶ 物事に感動しなくなっている。
❷ 人の名前が、さっと出てこなくなった。
❸ インターネットに関心がない。
❹ 家電製品の仕様書は、ほとんど読まない。
❺ 粘り強さがなくなった。「ま、いいか」とけんかも避けるようになった。
❻ やりかけて忘れる、やったかどうか自信がもてないことがある。
❼ この一カ月間、雑誌や仕事の本以外は読まなかった。
❽ 新しいことに挑戦する気力がなくなった。

❾お化粧が面倒になった。
❿体型の崩れが気にならなくなった。楽が一番だと思う。
⓫レシピ片手に、新しい料理を作る気にならない。

⓬夕方からの外出は、億劫になった。

⓭知らない人と知り合うのが、億劫になった。

⓮待てなくなった。相手が待ち合わせ時間に来ないと、すぐ電話している。

⓯異性に関心が持てなくなった。

⓰仕事や家事にとりかかるまでに、時間がかかる。つい後延ばしにしてしまう。

⓱熱中していた趣味への関心が薄れた。

⓲季節に合わせて、カーテンや食器を変えたいとは思わない。

⓳自分を若々しく見せようと努力しなくなった。

⓴新聞等で紹介される新刊本や書評に関心がない。


さあ、いくつに○がつきましたか？

16以上の方は、疲れ過ぎです。休養してください。

15〜13問の方は、脳は立派に「60歳以上」。

12〜10問だった方は、平均的「50歳代」。

9〜7問の方は、若々しく「40歳代」。

6〜4問の方は、なんと「30歳代」です。

3問以下だった方は、いらっしゃいますか？　残念ながら、「健脳」とは言えません。ご自分の状態が把握できていないか、読解力が低下している可能性大。ちょっと心配ですね。

50's DATA NOW

■テーマ「50代から目指す脳の健康について」
■アンケート対象者　50代以上の専門家女性68名
■実施期間　2001年9月

Q あなたにとって「自分に敏感でいる」とは、どんなことですか？

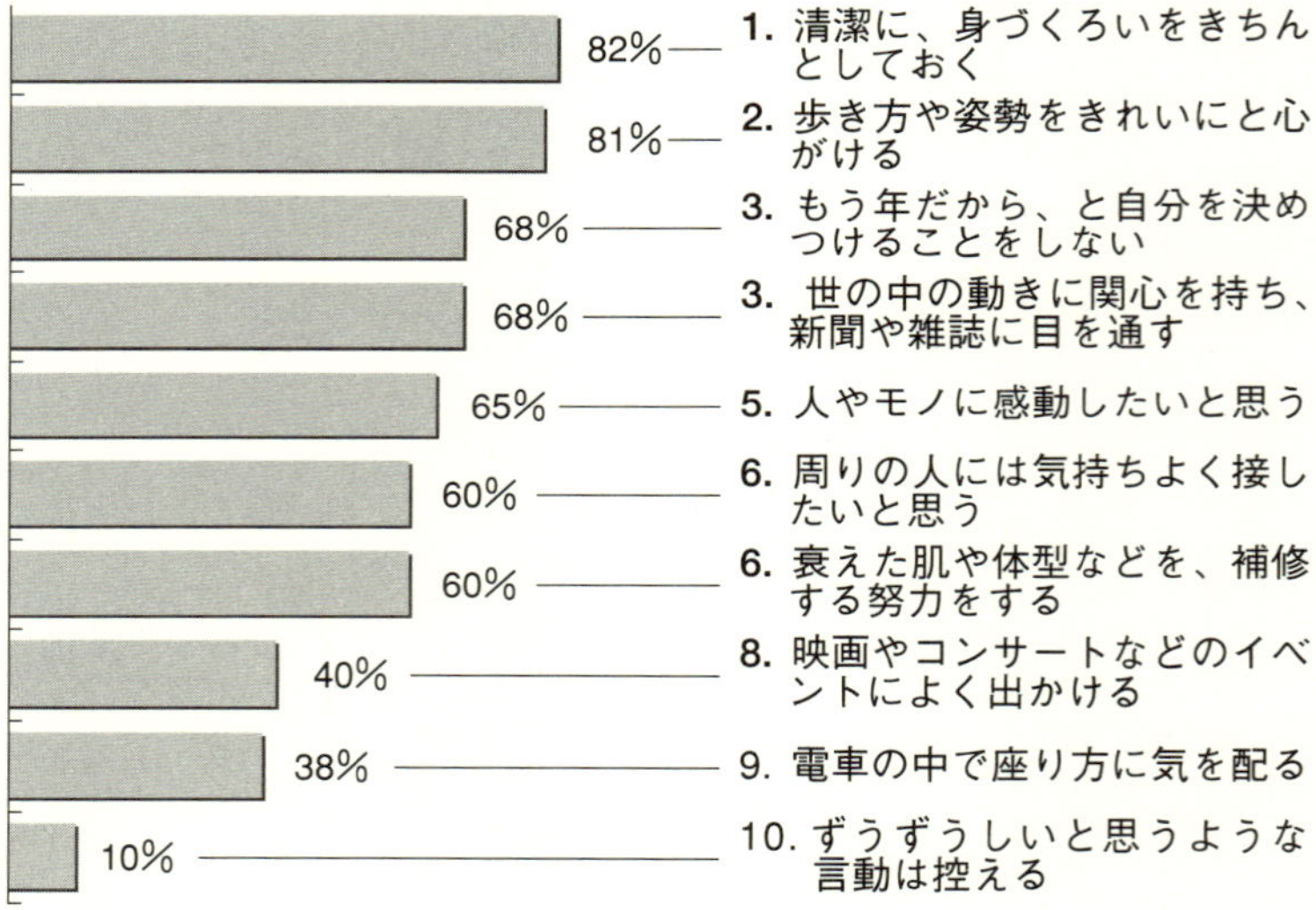
82%
1. 清潔に、身づくろいをきちんとしておく
81%
2. 歩き方や姿勢をきれいにと心がける
68%
3. もう年だから、と自分を決めつけることをしない
68%
3. 世の中の動きに関心を持ち、新聞や雑誌に目を通す
65%
5. 人やモノに感動したいと思う
60%
6. 周りの人には気持ちよく接したいと思う
60%
6. 衰えた肌や体型などを、補修する努力をする
40%
8. 映画やコンサートなどのイベントによく出かける
38%
9. 電車の中で座り方に気を配る
10%
10. ずうずうしいと思うような言動は控える

最近気になること

●複雑な内容の専門誌など、読むスピードが遅くなった。飲み込みが遅い。
●映画俳優の名前を忘れることが多い。
●思っている言葉を言い違える。
●男性に対する関心が薄れている。それって、オバさん化への道？
●集中はできるが、時間が短くなった。

ボケをどう受け止めますか？

●亡き母のボケを振り返ってみると、本人の自覚と努力で、進行を遅らせることはできたのでは、と痛感している。
●現時点では実感できないが、自分だけは絶対にボケたくない。脳を大切に。
●身体不自由なお年寄りを診察し、ボケもまた天が与えてくれたシステムと考えるようになった。

〈アンケートの記述から〉

親の老い、どう受け止めていますか?

part 10

care

出席者

工藤和子（フリーライター）
塩沢圭子（アートディレクター）
手嶋慶子（マーケッター）
松岡玲子（秘書）
満田康子（編集者）

いくつになっても自分を子供扱いしてきた親が老いて、自分より弱くなったことに気づくのは、淋しい限りです。

「介護のお話をうかがいたいのですけれど」と切り出した電話口で、「まだ、親を送ったばかりで、思い出しては泣いています。とても系統だって話せないから」とお断りになった方もありました。親の老いは突然訪れて、私たちを戸惑わせます。

今回の会議は、2～3年前までは元気だった親なのに、最近は言動にも危うさが目立つと不安を抱いている方々にお集まりいただきました。

同居しているご自分の両親にボケが始まり、仕事の時間調整が大変だという方。連れ合いに逝かれた義父のボケが進んだと涙する方。気力をなくした母を力づけようとして、つい強い口調になってしまい自己嫌悪に陥る方。それまで別居していたので、同居は考えられないと、自分もここならと納得した施設に入ってもらったという方……。

50代の「これから」は、目が離せなくなった親たちを視野に入れた暮らし方が、必要になってきました。

親が弱っていく姿は淋しいけれど、幸せに老いてほしい

愛している気持ちを伝えたい

親の足腰が弱って家にこもりがちになった時には、ドライブに誘ったり、親の家を訪ねる頻度を多くしたりして、親の気持ちを引き立てるように努めてきました。それが、おやっと思うような言動に気づいた日から、時々顔を見に立ち寄るだけではすまない生活が始まりました。

おやっと思ったあの瞬間は、皆さんにとってショッキングな思い出です。

「久々に親を訪ねて世間話をしていたら、5分前に言ったことを忘れて、トンチンカンなことを言うので、慌てました」

「買物に出かけてないようなので、問いただしてみると、どうもおつりの計算ができなかったらしい。これは本人もかなりショックだったようで、以来、買物に出なくなっていたのです」

さらに深刻なのは、「訪ねてみると、家の中が煙でもうもう。その中で母が平気な顔をして食事していたのね。火にかけっぱなしにした味噌汁の鍋が空焚きされていた」というような話。

ボケの始まりは、本人はもちろんまわりにとっても、大いなるショックです。ボケの初期は、いつもボケているわけではありません。その状態を「まるで、ジェットコースターに乗っているよう」と表現した人がいますが、安定しているなと気を緩めると、予想外のハプニングが起こる、という具合なのです。親の日常生活から目が離せない状況に、パニックに陥ったという人もいます。

たとえば、計算ができなくなった人の場合は、決まった時に決まった量の薬を飲むといったこともできない状況につながっていきました。2週間分の薬を数日で飲んでしまった時には、天を仰いでしまったそうです。

けれど、私たちもまだまだ大忙しの日々を送っています。親のために、自分の家庭や仕事を後回しにできない事情もあります。働き方を変えたり、親がデイケアを終えて帰ってくる時間に合わせて自宅にいるように、時間をやりくりしたりしていますが、それにも限度があります。

これまでひとり暮らしを続けてきた親に、ケアマンションへの入居を勧めたところ、「まだまだ平気。人の世話にはならないわ」と、住み慣れた家を離れるのを拒否されて、戸惑う人もいます。

火の始末、戸締まりも心配なら、近頃頻繁に聞く「独居老人を相手にした犯罪」に巻き込まれはしないかと思うと、落ち着きません。

体が思うように動かなくなると、しだいに家の中から出なくなり、気持ちに刺激のない日々を送るようになるのですが、それも子供たちを嘆かせます。

「力づけようとして、つい強い口調でうるさく言ってしまう。短歌の好きな母なので、近くの公園に連れ出そうとして、上の句を私が作るからと言ったら、他の老人と一緒にしないで！と怒られました」と、肩を落とす人もいました。

別の人は、親の家を訪ねる時、昔親が好きだった俳優の写真集を持参したり、映画好きだったからと、映画音楽のＣＤを探して持って行くようにしているそうです。

何とか親たちの気力を奮い立たせようと、試行錯誤を繰り返し、右往左往する50代です。

親との同居を、どう考えますか？

親のボケが始まり、カウンセリングを受けに行った先で、「ご家族が一緒に住むのが一番。そうすれば治るんです」と言われ、それができるぐらいなら相談になど来ない！と情けない思いをした人がいます。

娘の立場としては、夫との生活や、婚家の親の世話があるし、嫁の立場としては、これまで別々に暮らしていたのに今さら同居はしたくないという、一緒に暮らせないそれぞれの理由がありました。

最初から親と同居をしている人と、これまで別々に暮らしてきた人とでは、家族としてできることに違いがあります。

最初から同居している人には、これまでの暮らしの中で出来上がった距離の保ち方がありますし、病気や、気持ちが落ち込んだ時にも、あうんの呼吸で対応することができます。たとえば親が転んだ時にも、家族はいつも様子を見ているので、ゆっくりとなら起き上がれるなと判断ができれば、手を貸さず、慌てません。じかに言うと角が立つと思えば、緩衝剤になっている孫を登場させます。

そういう人にしても「自分の生活と両立させる暮らしのスタイルはできていますが、たとえば夫が倒れるということもあるわけで、その時はどうなるか想像できない」と不安がないわけではありません。

今さら同居はできないという人は、介護施設を利用することを考えています。長男と結婚したけれど同居してこなかったという別の人は、同居してもうまくいくとは思えず、やはり施設を探しました。

その方は、「私自身が入ってもいいと思える施設を探しました。それでも、ここで暮らそうと思ってもらえるまでには、時間がかかりました。別々に暮らしていた時以上に頻繁に訪ねては、世間話をしたりその施設の生活を聞いたりして、心が通うようになったとは思います」と、その当時を振り返ります。

ひとり暮らしの親にケアマンションを勧めた人は、面倒を見たくないものだから、人の手をあてにしてと、親から非難されてしまいました。夫の家族もいるのだし、親が期待するようにはできないのですが、なかなか理解してもらえないと頭を悩ませています。「母の家の玄関を出て、外の空気に触れると、自分を取り戻したっていう感じなんです」という言葉に、会議の出席者は一様に理解を示しました。

ボケが進んだ親たちは、気分も不安定になり、予想外の行動に出て家族をうろたえさせます。そうした親の言動に2~3時間合わせているだけで、もしかすると自分の方がおかしいのかしらと思ってしまう。そうした体験を重ねる悲しみに、一同共感したのでした。

解決策は、専門家と手を組むこと。親が自立して生活していくことに限界が見えたら、専門家の手を借りて乗り越えたいと願うようになりました。

介護施設も介護サービスもまだ助走の段階。親にも不満は多いようです。そんな不満は、親子で会っている時になるべく耳を傾け、せめてその気持ちだけでも分かってあげたい。

他人の手は借りているけれど、親をいつも愛しているのだと伝える努力は、家族の役割だと思っているのです。

介護サービスには、期待がいっぱい

在宅介護は、介護サービスとの二人三脚があってこそ、と多くの50代が実感しています。ヘルパーの派遣サービス、食事の宅配サービス、デイケアやショートステイなどに代表される介護サービスがなくては、親も私たちも生活が成り立たないのです。親の面倒をみてくれるヘルパーさんには、本当に感謝しています。

ヘルパーさんは通常、2時間単位で来てくれます。食事、おむつ交換、シーツ交換や洗濯、お部屋の掃除などが、2時間交代で行われます。時間で人が変わるので、親たちの中には、落ち着かない気持ちを味わう人もいるといいますが、家族は「仕事なのだし、仕方がない」と思っています。

ヘルパーさんの年齢もさまざま。家族は、年配者の方がよく気がついていいと思うのですが、親たちからは「かえって気をつかうし、恥ずかしい。若い人の方が気がおけない」という言葉も聞かれます。私たちは、親の生活をサポートしてくれる人、とビジネスライクに考えがちですが、親たちは、気持ちの上でフィフティ・フィフティでいられる人から、サービスを受けたい気持ちが強いようです。

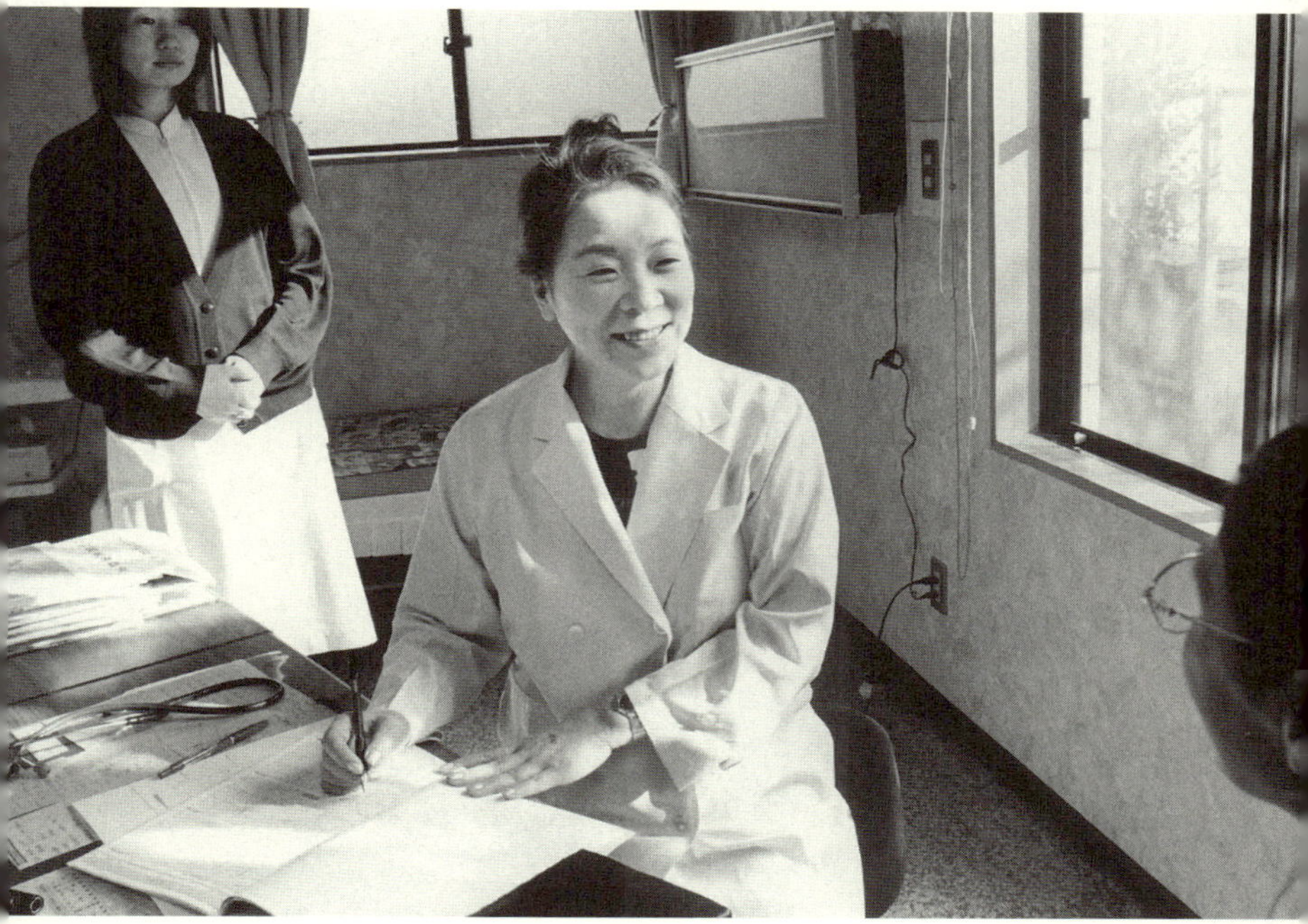

医師　山口いづみさん

やまぐち・いづみ　1946年、東京・葛飾生まれ。ミニスカートがよく似合い、タイツや靴の選び方には、文字通りつま先まで行き届いたおしゃれを見せてくれます。50カラット会議には、「もう、くたくた！」と元気に現れては、「よっこらしょ！」と立ち上がって溌溂と帰っていく姿で、一同を圧倒してくれます。本当に、気力＝体力＝外見の「キレイ」そのままの人なのです。「男の人ばかりの中でやってきたので、女の人と話すのは苦手」とのことでしたが、何のその。どんどんエスカレートしていく話に、「医者としてはね」と切り出しては、皆を正気に戻す役目も果たしてくれます。それにしても、多忙人間。「医者修業中に、双子の子育てをしてた頃に比べれば…」と、笑います。

イラストレーター　川村みづえさん

かわむら・みづえ　1938年、東京生まれ。50カラット会議が、雑誌に「輝く50代、女性通信」という連載をしていた時に、挿絵を担当していただいたのが、ご縁のはじまり。「その年代になって、初めて取り組める仕事がありますね」という言葉通り、伝えたい50代女性のイメージを、12回にわたって描いていただきました。イラストであんな風に人を表現するのですもの、人を観察する機会も多いのではと思ったら、「いつも家で机にむかっているので、人に会うのは苦手」と微笑む華人でした。最近、築何十年の伝統的な家を、超現代的な家に建て替えてしまいました。ご自分でも思いがけなかったそうですが、その居心地にびっくり。いっそう仕事場にくぎづけになっている様子です。

「父は、若いヘルパーさんに、掃除なんかしなくていいから、ここでお話しようなんて、座らせてしまうのよ。最近まで、お父さんが駅前でナンパしてたわよなんて、近所のおばさんから通報されていたほどの話好き。ま、いいかと見てたけれど」という話には笑ってしまいましたが、孫と同年代の若い人に気楽さがあるのは、親世代に共通しているようです。

その一方で、ヘルパーさんに来てもらうことに、抵抗した親もありました。他人が家に出入りすることへの不安と緊張感が原因でした。ヘルパーさんが訪ねてくるというだけで、きれいにしなくちゃと家の中を片づけ始めたという話には、律義な親世代らしいと感心するやら、おかしいやら。

ただでさえ、ボケ症状の始まりには、自分でしまい込んだものを忘れて、誰かが盗ったと言い出して困る例も多いそうです。転ばぬ先の杖のたとえ通り、大事なものや多額の現金などは、家に置かない習慣も必要です。

さて、食事の宅配は、忙しい家族には大助かりでうれしいサービスです。私たちの留守の間、親に自分で炊事をしてもらうには、火が心配。お弁当を作って置いておくのは、手間も大変な上に、できたての温かさもありません。食事が届くのは、本当にありがたいサービスなのです。

けれど、この宅配サービスにも、解決すべき課題はたくさんありそうです。

まず、食べることに休みはないのに、土日はお休み、年末年始もお休みというのが公的サービスの現状です。週末や年末年始は家族がいるという前提になっていることに、親がひとり暮らしをしている人からは、悲鳴が上がりました。

次にメニューですが、できたての温かさを保って届けられてうれしいのですが、数字で計算された正しさが目立って、楽しさにはもう一歩というのが、私たちの実感です。

調理には、これまで親たちが慣れ親しんできたメニューから、塩分を控え、カロリーの少ない食材に置き換えるという「引き算方式」が目立っています。正しい食事だけれど、何だかつまらないのは、そのせいでしょうか。

「親たちが食べてきた料理が、こんなに限定された範囲のものとは思えない」と発言する人もいました。親たちは元気な頃に、あちこちで食べ歩いていました。テレビの料理番組で、洋食や中華、エスニック料理についての知識も仕入れています。「いつものあれ」のお弁当でも、ワンポイント新しい工夫を取り入れてあると、お弁当を作った人の心づかいに対して感動も生まれるのにと、少し残念です。

もう一つの課題は、毎日のことだし、食べにいく場所があるといい、ということです。宅配のお弁当は、一人で食べるということだけでも淋しいものです。たとえば、近所の小中学校に空き教室を利用したランチルームなどがあれば、散歩がてらに出かけて、誰かとお昼なんてことも可能になるというアイディアも飛び出しました。グループランチは、引きこもりがちな親たちのコミュニケーションの場としても、期待がかかります。

ともかく、食べることは、生活の基本。つい、いろいろと要求が増えてしまいます。

最後に、親たちが受けるサービスすべてについて、その申請や確認のための手続きの煩雑さが、話題に上りました。

たいていの場合、親本人がその手続きをするのは不可能です。したがって、窓口に行くのは家族です。それが、ファクシミリやパソコンのメールで済ませられるようになったら、どんなに便利でしょうか。必ずしも家族が同居しているわけではないし、同居していても家族が不在の場合もあるのです。たとえ家族が遠隔地にいても職場にいても、窓口と連絡がとれてサービスを受けられるように、50カラット会議としては情報機器の活用を切望しています。

長生きを嘆かせたくない、嘆きたくない

誰もが年をとるのは初めてだから、なったことのない年齢を迎えた親たちの気持ちを理解するのは、難しいと思います。

けれど、親たちの口から「こんなに長生きするはずじゃなかった……」という言葉を聞く

と、胸がしめつけられます。親たちが「情けない」と嘆くのは、年をとったことで遭遇した、予測もしなかった処遇に対してではないでしょうか。

たとえば、幼児扱い。たとえば、子供の口から聞く命令口調の言葉。まだまだあるけれど、体が思うように動かなかったり、ボケがあったりする親たちを看る時、私たちも専門家も、親たちの「状態」に目を向け過ぎて、親たちの気持ちを汲む努力を怠っているのではないかと反省します。

「幼児扱い」への抵抗は、デイケアに参加した親が、「あんなところには行かない!」と体を震わせて憤ったという話に代表されます。童謡の「結んで開いて」に合わせて体操をしたというのですが、体操のバックミュージックのつもりなら、親たち世代共通の楽しい音楽はいっぱいあったことでしょう。集まる人たちに一言相談していたなら、参加者の体操する意欲にもつながり自尊心も傷つかなかったはず、と残念です。

つい命令口調になってしまった時は、私たちにしても自己嫌悪に陥るし、「しまった」と臍《ほぞ》を噛む思いになります。ある人の場合、気力をなくして、テレビに向かっている親に、「お隣りのおばあちゃんは、毎日公園に行っているじゃないの」と言ったら、「他の人と比べないで!暮らし方まで押しつけないで!」と叱られてしまったそうです。そんな時の親は、ボケとは無縁のようなかくしゃくぶりです。

ですが、子供にしてみると、元気だった頃の親を思って、ついこんなはずではないという気持ちがわき上がります。心配のあまり、つい強い口調になり、管理的にいろいろ決めては指令を発することにもなります。「あなたがこんなに優しくない娘だったとは思わなかった……」と口走られてショックを受けたと言う人は、「幸せを願っていることは分かって欲しい」と涙が止まりません。

私たち自身の、老後計画

ボケが始まってからでは遅すぎる、体が利かなくなってからでは間に合わない。これらは、親世代の介護を通して得た結論です。

元気なうちに、自分の老後生活の場所と暮らし方を決めておきたいという気持ちは、日に日に強くなっている50代です。子供に世話をかけることなく、自分の納得のいく暮らしができる施設を探す決意をしている人が多いようです。

具体的には、どんな暮らしでしょうか。理想の棲み家は、グループホームだという人がいます。親しい友人が何人か集まって、それぞれ好きなスタイルで、得意なことを分担しながら暮らす家づくりが理想です。共同スペースの掃除や雑用をこなしてくれる管理人を共同で雇っていけば、力仕事などであたふたすることもないだろうという考えです。

この住み方は、兄弟姉妹ではダメだそう。わがままが出るし、男の兄弟とでは価値観が違って、うまくいくはずがないと踏んでいます。

イタリアのミラノにある、老音楽家が集まって暮らす「憩いの家」を紹介したテレビ番組を思い出したある人は、「あれはいい。同じ世界で生きて感動を共有してきた人が、自分の体の中に残っている音楽への気持ちを愛《め》でながら生活しているのよ」と、その暮らしぶりに憧れます。

また、ケアマンションなどの施設を選びたいという人たちもいます。ただし、望んでいるのは、あくまでも自宅の延長上のスタイルで暮らせる施設。規則がいっぱいで、老人とはこういうものと決めつけているところはお断りだそうです。

「お酒、タバコ、外出、恋愛、旅行ＯＫの生活が続けられなきゃね」という発言もありましたが、これは、それくらい人間的に暮らしたいという気持ちの現れです。

「早いうちに入って、そこでの人間関係を作りたい」と言う人は、70歳で決めて移転することを目安にしています。それまでの生活を整理して、捨てたり片づけたりして引っ越すパワーと能力は、その頃が限界と予測しているからです。それまでに抱え込んだ生活道具や思い出の品々の処分は、自分で決めたい。子供から「もう、これ使わないでしょ」と決めつけられたくないと言います。

私たちは、親たちの暮らしに、「ああしたら?」、「こうすれば?」と言い続けていますが、わが身に置き換えると、そのことでずいぶん、親を悲しませているのかもしれません。

そう考えると、親たちは、どんな老後を夢見ていたのかと気になります。ああも暮らそう、こうも生きたいと夢を広げていたのではないでしょうか。親たちの現実は、時代の変化と私たちの都合で、夢かなわなかったのではないでしょうか。

昨年94歳で逝った母を想うと、自分にかまけていた私としては、ご多分にもれず「後悔先に立たず」です。一周忌の席で、集まった母の姉妹、子供や孫たちは、皆が口を揃えて「私が一番大事にしてもらった」、「僕が一番心配してもらった」と思い出を語りました。

最期はケア施設の病院で亡くなったのですが、施設での生活では、何度も子供たちとの暮らしを考えたことでしょう。残された誰もが、自分が一番愛されていたと信じていたのを知った時、家族第一に生きた明治の女の大きさにはかなわないと思うと同時に、家族がそれぞれに自分の生活に精一杯になった時代を受け入れた母の淋しさに、胸が痛みます。

それに比べ、私たちの年代は、自分の老後にむけて、自分で描いた夢を実現できそうな可能性が少し出てきました。けれど、理想のグループハウス、ケアマンション暮らしへの夢がはっきりして、それぞれが確認したのは、課題がまだまだ残っていること。元気なうちに準備しておかなければいけないことだらけです。

第一は、お金。いったい、いくらあれば、そのような生活環境は手に入るのでしょうか。「まずお金が要るのよね」で、一同頷きました。今までに老後の資金はできたという人はともかく、「さて、もう一稼ぎしなくちゃ！」と居ずまいを正した人もいます。

第二は、人。老後生活をスムーズに楽しむための、ネットワークづくりです。グループハウスを計画する人は、誰となら実現するのか、まだ具体的な当てがあるわけではありません。

第三は、情報を使いこなす技術。携帯電話やパソコン一台がサポートしてくれる生活があるのですから、そこは外せないポイントです。自分の生活に関わる情報を簡単に要求できて、必要なことを自分で申請したり手続きしたりできるようにしておく必要性は、親たちとの生活から学びました。

パソコンは、別々に暮らす家族や友人とのコミュニケーションにも役立つことでしょう。今でさえ、携帯電話では、操作が面倒で、文字の小ささに閉口しています。しっかりした大きさの画面を持つパソコンをマスターしなければと思っています。

CARE

「親の老い」をどう受け止めていますか？

50カラット会議には、親の老いと向き合って暮らす方々から、たくさんのお便りが寄せられます。その中から一部をご紹介します。

家族のため、何かを諦めますか？

✎家族の世話のため、昨年パートの仕事をやめました。経済面での不安や、社会参加の充実感がないことはありますが、一方でこれまでになかった花作りや読書の時間がとれるようになりました。自分が内面的に充実する時期と捉えています。（52歳）

✎私も夫も、両親と遠く離れて暮らしています。親の年齢も80歳を超え、とても心配ですが、いざ同居となったら自分の時間はないという覚悟が必要なのだと思うと、正直、気が重く、同居する気になれずにいます。（55歳）

兄弟が多くても、それぞれ仕事を持っていることを理由に、親の面倒をみると言い出しません。子供の数は関係ない時代になってしまいました。(50歳)

娘たちが成長し独立した今、彼女たちが幼い頃に面倒をみてくれた両親が、年老いてきました。フルタイムで働いていて、時間の融通のきかない不便さを、近頃痛切に感じます。親が銀行や郵便局、病院に行く時について行ってあげたい。親孝行というのでなく、ひとりの人間として自分の親にできるだけのことをしたいという思いがあります。専業主婦なら、と思うことが多いこの頃です。(51歳)

すぐ近所に、別所帯で暮らしている親がいます。世話をかけないよう、できるだけ二人でがんばっている両親ですが、高齢になり、ちょっとした助けがいるはず。重い食料品の買い物、庭木の手入れ、網戸などの大掃除……。ちょっとの身体の不調でもあれば、もう成り立たなくなる老夫婦の毎日。近くに住むことの安心感以外、フルタイムで働く娘として、親に与えられるものがないことに心が痛みます。(55歳)

夫の母が義兄夫婦といっしょに住んでいますが、5、6年前から痴呆が始まり、現在はかなり進んで自分の息子と弟を間違えてしまいます。3年前に預かった時は40キロしかなかった姑ですが、おむつ交換は大変でした。それを何年もしてくれている義兄夫婦には、本当に言葉では言い表せないほど感謝しています。二人はお互いに協力し合って時間を作り、サークル、旅行、展覧会などを楽しみながら介護をしています。そういう時間を作るのは、とても大事なことだと、つくづく思います。（57歳）

「実の親」と「夫の親」

✎私の心が狭いのでしょうか？　実の親と、同居している主人の親とを、どうしても区別してしまいます。実の親に何かあれば、できる限り力になりたい、手伝いたいと心の底から思うのです。でも、主人の親に対しては、義務感から仕事としてやっている、というのが偽らざる本音です。他の方の本音は、どうなのでしょうか。（50歳）

✎5年前に母、8年前に義母を亡くしましたが、二人とも一緒に暮らして無事送りました。娘や主人の協力があったからだと、感謝しています。気負いもなく、自然なかたちで姑とも最後まで仲良く過ごすことができ、幸せだと思っています。（53歳）

在宅介護か施設か……

✎要介護4に認定された義母をどうすればいいか、悩んでいます。一般の病院、特別養護老人ホーム、自宅、のどこで暮らすのが一番いいのでしょうか。義母は家にいたい様子だけれど、私の人生はどうなるのだろう。私の母は早くに亡くなったのだけれど、母でも同じように思うのかしら。（49歳）

平成9年に父が亡くなりました。病院から施設、また次の病院へと、安住の地を求めて転々としました。父は自分の家で最期を迎えたかったろうと思います。姉夫婦がそれを許してくれず、さぞ無念だったろうと思い返します。介護の苦労は私なりに理解しているつもりですが、つくづく老人が幸せに死ねる世の中を、願わずにいられません。（55歳）

私自身の体調も悪くて、母にはホーム生活をしてもらっています。それが罪悪感にもストレスにもなっています。毎日、母のところに顔を見に出かけては、気休めにしています。（53歳）

93歳の義父が大腿骨の骨折で入院しました。しかし兄弟間では、お互いに何回顔を出したかといった低レベルな揉め事が発生。介護にも、家族間でしっかりした考え方を持つ必要性を実感しました。金銭面での揉め事でなかったことだけが救いでした。（58歳）

義母が4年前に倒れ、病院を経て今はホームにお願いしています。ここに至るまで、今まで過ごしてきた両親の生活は何だったのだろう、と考えない日はありませんでした。高齢で持病のある義父も、同居を望んでいましたが、私の体調も悪く、共倒れという結果が見えていたので、やはりホームにお願いしました。これが皆が幸せになれる方法なのか、自信がありません。（56歳）

「老い」をどう考えますか？

この頃、長生きすることが幸せかどうかを考えることがあります。明治生まれの父は、他人の世話になるのを嫌がって、家族は大変な思いをしました。育児手当てより、介護者への補助金が欲しいとその時切実に思いました。（59歳）

私たちの年齢の女性は、老いた親の世話をするものと思っており、私も主人の両親と暮らし、二人とも自宅で亡くなりました。でも、これから私たち夫婦が老いても、子供の世話にはならず、ボケたり病気になった時は、病院なり施設でお世話になりたいと思っています。（57歳）

脳血栓性の痴呆を発病して8年目になる母を世話しています。今は痴呆も進み、両足側湾症のため立つこともできません。日常の大変さは、言葉に表せません。でも、母は明るく、いつもにこにこ。誰のことを忘れてしまっても、私と主人のことだけは忘れず「私の一番大事な人」と言ってくれます。その言葉だけで十分です。（58歳）

私の独身の弟と二人暮しをしている82歳の母は、家事全般をこなし、子供、孫、ひ孫のことを愛情深く見守ってくれています。毎日親戚、友人、近所の方と話をしている電話魔の母ですが、他人に迷惑をかけないよう努力している姿を見ると、私もお手本にしたいと思います。（52歳）

50's DATA NOW

■テーマ「親の介護と自分の老後について」
■アンケート対象者　介護者531名（「ライフデザイン白書」2000-01より）

Q 介護で困ったことは何ですか？

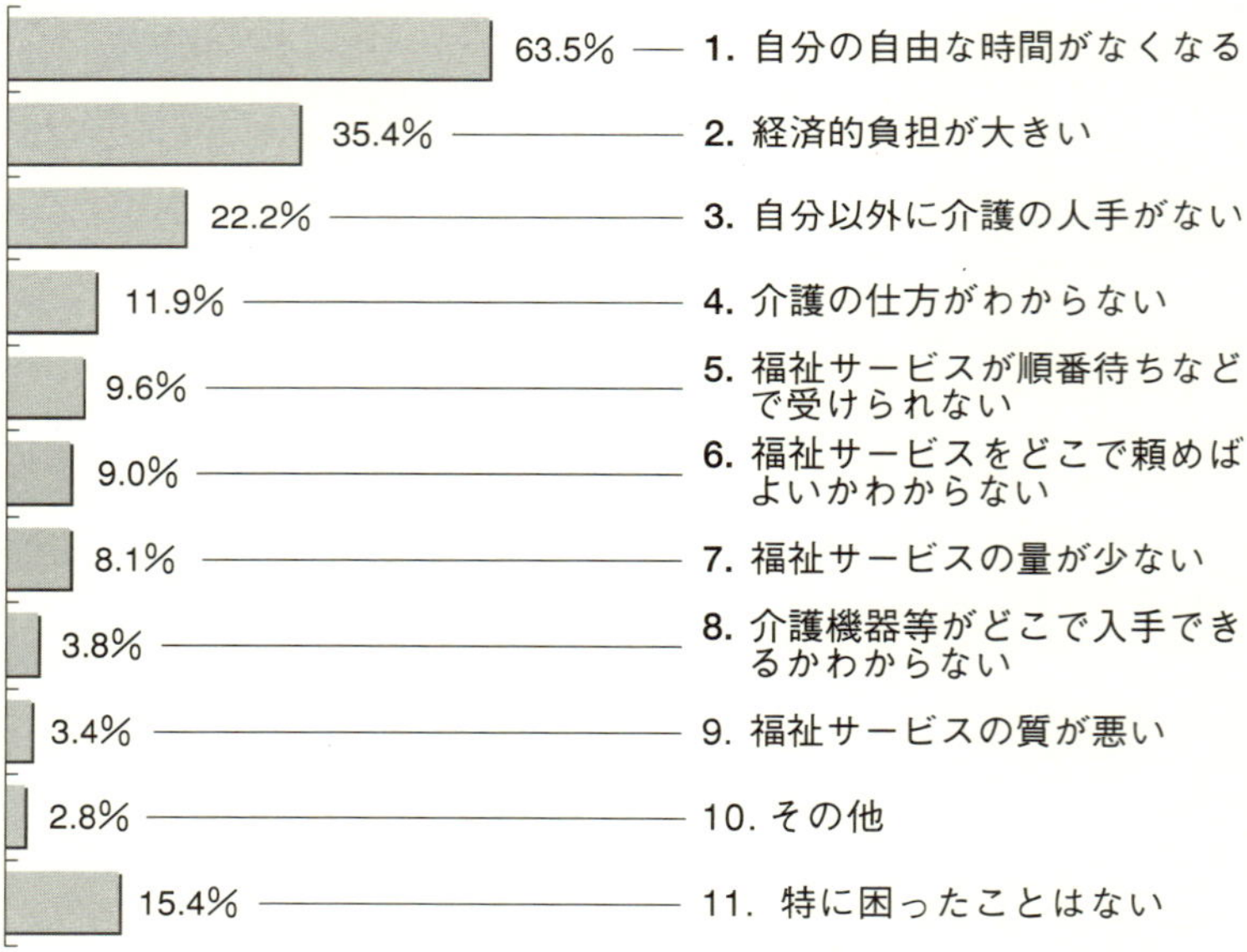
63.5%　1. 自分の自由な時間がなくなる
35.4%　2. 経済的負担が大きい
22.2%　3. 自分以外に介護の人手がない
11.9%　4. 介護の仕方がわからない
9.6%　5. 福祉サービスが順番待ちなどで受けられない
9.0%　6. 福祉サービスをどこで頼めばよいかわからない
8.1%　7. 福祉サービスの量が少ない
3.8%　8. 介護機器等がどこで入手できるかわからない
3.4%　9. 福祉サービスの質が悪い
2.8%　10. その他
15.4%　11. 特に困ったことはない

あなたの「介護」は？

●自分でできることには、なるべく手をかさないようにしています。

●ボケ防止のため、食事の時などに色々な話題を出して話をするように。

●週一度、ストレスを発散してもらうために、電話でたっぷり相手をする。

●何かあればすぐに駆けつけると約束して、安心感を与える。

自分の老後について

●子供の世話にならないよう、老後のことを今から考えています。

●親の顔を見るにつけ、自分の将来や健康が不安になります。でも、先のことを考えると暗くなるので、「なんとかなるさ」と気持ちを切り替えている。

●子供に面倒をかけたくないので、あまり長生きしたくない。

〈アンケートの記述から〉

part 11
voice

50カラット会議に寄せられた「声」

50カラット会議に寄せられたお手紙やアンケートの近況欄には、「これからが花！」という言葉がいっぱい。50年余の栄養と経験が詰まった実が、あちこちでパチパチとはじけて開花しているかのようです。

その花は、人によってさまざま。子供たちが巣立って以来、しばし何もしない時間を過ごした人も、人生80年、まだまだしっかり生きなくちゃと、娘時代に目指した夢を掘り起こしたりしています。

巣立った子供たちは、相変わらず、うれしいニュースを運んできたり、新たな心配の種を落としていくのですが、それはそれ。自分たちは聞き役に徹しています。

一方、自分より弱くなっていく親との生活では、「介護」を交流のひとときにしようとする人、親の姿をうまく受け止められなくて悩む人、それぞれですが、いずれにしても、親の生活に自分を投影して、「これから」の生き方を探っているようです。

40代は、姑の介護と、娘を自立させるために手助けする、頑張りの時代でした。昨年姑を送り、今年ひとり娘が結婚しました。今までかぶっていた「嫁」の帽子をぬいで、「母」としての鎧もはずし、すっかり身軽になり、スッピンで普段着の自分だけが残った感じです。

元気でキレイになりたい！　まさに、なりたい自分のイメージです。自分にうまく魔法をかけて、気持ちを上手にコントロールし、自分磨きをしようと思ってます。（秋田県・恵美子さん）

あと3カ月で50歳になるのですが、自分としては45歳になった時点で、四捨五入したら50歳という感じで生活してきたので、心の準備は万全という感じです。3年前に離婚し、シングルになりました。2人の子供もそれぞれ結婚して家を出ましたので、気楽なシングルライフを楽しんでいます。

どういう巡り合わせか、離婚後すぐに恋人もできました。それぞれひとり暮らしなので、お互いの家を行ったり来たりの毎日。この適度な距離感がなかなか心地良くて、あまり再婚願望も強くありません。30歳からずっとフルタイムの会社員として働き続けてきました。経済的自立と、健康と、前向きな姿勢があれば、人生捨てたものでもないなあと思っています。（群馬県・千代子さん）

私、今年の3月で50歳。2年前にリストラされて事業を始めた夫と、来年、銀行に就職する一人娘と、介護保険申請中の姑と、捨て猫だった2匹の家族構成です。花も嵐も乗り越え、とにもかくにも、残されているのは、健康な体と多くの友人。45歳からはまってしまった水泳との出会いが、私の精神的、肉体的救いになっています。

50カラット会議のレポートにあった通り、「体のだらしなさは、気持ちのだらしなさが原因」というのは全く同感。せめて気持ちだけは、たがをはずさないように引き締めていたいと思っています。体の線も、腹筋、背筋、姿勢をチェックするため、大きな姿見を置いています。最近流行のニット類は20代の娘と兼用。

一つ言えることは、どんな服装も動く姿が勝負を決めるということ。年代を問わず、街で見かけるカッコイイ人は、例外なく姿勢のいい人です。これなら努力でなんとかなりそうです。短パンにタンクトップでも、見事に着て見せたいという心意気はあります。（東京都・ひろみさん）

3回海外駐在の経験をし、その合間に6年ごとの出産で24歳、18歳、12歳の3人の子育て。実に効率が悪く、長い長い育児に明け暮れた生活でした。合間を縫って、テニス、英語、油絵と趣味を持ち、一番下の子が幼稚園に入って一段落した時に英語の講師を始め、3年続いた時に再び海外転勤の話。4年後に帰国し、やっと下の子も今年中学生、ようやくまとまった時間が持て、何か仕事を……と思った時にはもう50歳。

求人広告は、ほとんど年齢制限ありで、何か自分の能力を生かした仕事をと思いつつ、ずるずると半年近く経ってしまいました。頭に入っていた英語の知識もボロボロ洩れるし、新しい事もなかなか入らず、挑戦した英検一級の試験も18歳の子供に負けてしまい、くやし涙。

でも、50歳は50歳のペースでいこうと思い直しました。健康維持のためテニス、感性をみがくため油絵、知性を維持するために英文をどんどん読もう。後は、これに収入がプラスされると良いのですが。地道にやってみます。（東京都・洋子さん）

✎私は15年前に離婚し、夫と共に遊びや山登り等したこともなく、ただただ食べるために働いてきました。職業は介護福祉士で、ホームヘルパー兼非常勤講師をしております。

その生活の中で、児童虐待のこと、ドメスティックバイオレンスのこと、セクハラのこと、女であるがゆえの差別に泣き、怒り、悲しみ、それらについて話し合い、夢中で歩いてきたように思います。

でもこの辺で、一度ゆっくり歩きたい。できたら誰かと一緒に歩きたい。そして若い頃のように輝く、本当にダイヤモンドのような「50カラット」の笑顔を取り戻したいです。（千葉県・久子さん）

✎私は、早く結婚して子供を産みましたが、いつも仕事をしたい、何かしていたいと思ってきました。保母、トレース、簿記などの勉強をしたり、パートをしたりしましたが、結局パートで勤めた税理士事務所での仕事が楽しくて、40歳を過ぎてから税理士試験に挑戦。パートをしながら苦労してなんとか資格を取り、1年半ぐらい前から独立して税理士事務所を開いています。
試験勉強に一生懸命だった40代は、自分のキレイを考える余裕もなく頑張ってきた年代でした。今は、目も見えにくく体力も落ちて、時々目がまわったり、頭が痛かったり、夜ひどい汗をかいたりと、更年期のまっただ中です。でも、みんなこの年代は同じだから気にしない、気にしない。とにかく、無理をせずゆったりとした気持ちで、自分の好きな仕事をして、いろいろな研修会や活動の場に出かけるようにしています。

テニスも週1回。昔はテニスに一生懸命だった時期もあって、その頃から考えると、今の自分はテニスは情けないほど下手になりました。でも、友達とテニスを楽しめるのはラッキーです。同年代の友達と、いい女になろうと話しています。いい女って、外側も中側も磨かなければ、なかなか難しいですね。50代になって、とにかくキレイを目指していきます。若い頃は自分が嫌いでしたが、今は自分なりに、よくやってるじゃん、と誉めています。（神奈川県・千恵子さん）

✎私、50代になってから元気になりました。30代後半から40代初めまで更年期らしきものがありましたが、現在も血圧が高く苦しんでいます。

建築家　小林純子さん

こばやし・じゅんこ　1945年、宮崎生まれ。「観光地や小学校のトイレが変わった」というニュースの裏には、この人ありです。従って、いつも大忙し。友人としては、「会おうか？」と決めても、その日に「まだ長崎。約束の時間に帰れない！」といった、電話を覚悟していなければなりません。会えば、小首を傾げて考えている風情なのに、キッパリした小気味いい「結論型会話」が楽しめる相手です。長年ご主人は単身赴任。お互い仕事優先で「夫が引退して、信州の山暮らしを選んだの。私は行かない」のだとか。最近、母上が亡くなりました。「みんな通る道だけれど、淋しいのよね」とポツリ。忙しい仕事の合間に過ごした母上との時間を、今振り返っておいでです。

マーケッター　沢登信子さん

さわのぼり・のぶこ　1942年、東京生まれ。仕事はご一緒したことはないのに、もう20年以上のおつき合い。会うたびに、「どう？」「相変わらず…」で来たのだけれど、50カラット会議が始まって以来、仕事や暮らし方について、その直線的な生き方を再認識させてもらっています。「自分のお金もうけには、ならないのよね。金鉱探しなら、レーダー役。私の後ろから掘っていけば、金が埋まっているって言われてる」。20代でマーケティング会社を起こし、30年余り。財産は、自分の価値と仕事仲間のネットワークと言い切ります。「夢さえあれば、お金はついてくるもの。失敗もたくさん重ねたけれど、老後は家さえあればなんとかなると思って、みんな仕事につぎこんでいるの」と明快です。

40代後半から短時間働いています。そのせいか少しずつ元気になり、好きな音楽、お友達とのおしゃべりで大変充実しておりますが、やはり年齢のせいか、健康という二文字に釘づけになります。私の健康ドリンクの一つは、しょうが湯です。体のだるい時、風邪気味の時には最高です。（岐阜県・直子さん）

私は、目下58歳！　でも、まさしく50代からハッピーに元気になれて、なんて50代って素敵なんだろうって実感しているのです。

ちょうど更年期になり始めの50歳の時、小林照子先生のハッピーメイク講座に参加。3年勉強して今「イメージコンサルタント」として、カラーコーディネーターとヘアーメイクアーティストとして、仕事しています。思いも寄らなかった50歳からの再出発！　毎日面白くて何よりも身体も元気になり自分が好きになり、更年期のことも忘れてしまいました。

まだまだやりたいこと、好きなこと、いっぱいあって、60代の元気とキレイを謳《うた》う60カラット会議もぜひ作りたいです。60歳を過ぎても、人生いつだってこれから、という気持ちでいたいし、皆で応援し合っていきたいですから。

私の、元気とキレイでいるための基本は、自分を大事に可愛がってあげること。毎日お風呂に入ってゆっくりマッサージと蒸しタオルをします。今日一日お疲れさま、と自分を労《いたわ》ってあげます。肌も喜んでキレイでいられるし、何よりも今日も良い日だったな、と心もリラックスしてきます。そして寝る前には、今日良かったことを三つ数えます。すべて明日の活力になっています。（神奈川県・百合子さん）

若い頃のように背伸びをしたり見栄を張ることもなく、自分をしっかりと持ちながら自然体で暮らしている今の自分を、結構気に入っています。私も、仕事半分、趣味半分の毎日です。

幸いなことに、若い頃とほとんど体型が変わらず、おしゃれを大いに楽しんでいます。6年くらい前に自分の感性に合うブランドを見つけ、いいものを大切にという考えでずっと同じブランドを愛用しています。（岡山県・フキ子さん）

長女が23歳、長男が20歳になる、週3日（レジャー費を自力で稼ぐ）バイト主婦です。50代を迎えるにあたり、47歳間近でダイビングCカードを取得しダイバーになり、今年1月48歳でバイクの中免を取りライダーになり、250ccのバイクでツーリングを楽しんでいます。

長女を出産後、子宮外妊娠、卵巣のう腫、流産を乗り越えて長男を出産。その直後から体調を崩し、現在に至ります。

50代は更年期も加わり、もっと苦しまないといけないのかしらと、気だけでも強くありたいと両レジャーを始めました。月に1回、一人で運転して伊豆へ潜りに行き、3年続いています。潜りたい、ツーリングしたいから家事は手抜きできず、毎日息をつく暇もないけれど、気が落ち込むようなことはなくなりました。

何かをしたいという欲は、形はどうであれ持ち続けたいと思っています。体が悪ければ、その体が許す範囲で、考えられる精一杯のことをやっていきたいと思います。（埼玉県・昌子さん）

✎更年期障害という重篤《じゅうとく》な症状はありませんが、確かに身体全体のバランスが悪くなったという実感はあります。

それよりも、最近「空き巣症候群」なるものに陥り、また陥っている自分自身に驚いたという始末です。姑の死、娘の結婚、長男の地方大学入学で、さあ、私の時間が始まると思ったら、お腹の力が抜けて目の前がまっ白。まわりの全てが無意味で、自分のしたいこと、しようとしていたことが何の価値もないように思えました。

半年たって、かなり元気になってきてはいますが、このターニングポイントで私に何ができるのか、何をすべきなのかと考え込んでいました。

でも、考えが変わりました。自分の気持ちがいいと思うことをやればいいのだということ、これからは自分自身のことだけを考えて暮らしてもいいんだということ。たったこれだけのことですが、今、胸の中に涼風が吹き抜けています。（京都府・千恵さん）

✎56歳、専業主婦。男女一人ずつ子供あり。息子は結婚して独立。娘はフリーアナウンサーで同居。会社経営の主人の世話に明け暮れています。空いた時間に健康維持のため、テニスを10年ぐらい、週に1回ゴルフ。ぬくもりを求めてシーズ犬の世話や散歩をしたり、20坪ぐらいの小さな庭に四季折々の緑と花を作り、心の安らぎを求めてガーデニングを楽しんでいます。

今年からは、花づくりの延長線として、一瞬の美しさを残しておきたくて日本画を始めました。じっとしているのが苦手なので、コマメに動いて、あちらこちらの情報を手に入れるようにしている、普通のオバサンです。

こう書いていると、毎日忙しくフル回転しているようですが、体力に限界があるので、たびたび小休止をとります。

楽しいな、楽しいなと歌をうたいながら、昔から家事をやってきましたので、私にはストレスがほとんどありませんでした。年末の大掃除も、毎年10月に一部屋ずつていねいに掃除します。壁もふける所は全部ふいて、11月中旬ぐらいに全部済ませます。気分爽快で、寒い12月は思いっきり絵を描いたり、手芸をしたりしてインドアの楽しみをします。

（大阪府・恵子さん）

50歳を迎え、体力や能力の低下をはっきりと自覚するようになりました。ひたすらにひとりで居ること、これが私の休息術です。ひとりで映画を観、ひとりで美術館に行き、ひとりで自宅でゆっくりお酒を飲みます。

もう少し積極的にひとりで旅に出られるようになれば、きっとそれが一番の休息術にな

ると思いますが……なかなかです。（大阪府・和子さん）

✎以前から、50代のことが雑誌などで取り上げられるたび、なんだか大層年寄りのような、枯れたイメージに近く、それこそ「女も終わり」のように捉えられていて、いやだなと思っていました。

まだまだ、おしゃれにも関心があるし、40代と一線を画する気持ちもないのですが、夜ぼんやりと地下鉄の窓に映る自分の影を見る時、ああ、年を取ったなあと感じます。子育てが終了する少し前からは、老いた親の問題、なかなか独立せずパラサイトしている子の問題、不況の中の仕事のこと、夫や自分の健康のこと……生きていくことに付随する悩みは尽きないものです。

けれど、最近強く思うことは、残された時間を、後悔しないように自分のために好きなことをしよう、着たい服も着ようということ。一生を終える時に後悔のないように楽しみます。（大阪府・信文さん）

VOICE

元気な自分でいるための「7つの習慣」

アートディレクター　塩沢圭子

元気で働き続けるために体調をよくしておきたいというのは、誰しも同じだと思います。私の場合は仕事がら、「こんなオバサンと仕事をしているの」と思われたくないし、年齢を理由に相手に気をつかわせるのはフェアじゃないと思うこともあって、イキイキと元気な自分を保つことはマナーだと心得てきました。

そうしていつの間にかできた、「キレイのための7つの習慣」。欠かさずに続けるのが、私流です。

1　サプリメントは、飲み続けて20年

30代後半にたずさわった、アメリカの栄養補助食品（サプリメント）メーカーの仕事を通して、その必要性や摂取方法のノウハウを知る機会がありました。当時はまだ、補助食品の情報などほとんどない時代でしたから、とても新鮮な驚きでした。仕事がら不規則な

生活を続けていただけに、「これは飲まなきゃ！」と、すぐにわが家の習慣に取り入れました。

そろそろ体力だけでは乗りきれない年齢に差しかかっていましたし、仕事でも忙しい時期を迎えていたので、万全の体調で過ごすために、体の中からの体調管理を真剣に考えて、始めた習慣です。

2 どんな時も、肌の手入れは欠かさない

若い頃から、肌の手入れは、しっかり汚れを落として、化粧水やクリームをつけるシンプルスタイル。ただ、それを一日も欠かさないように心掛けてきました。どんなに帰宅が遅くなっても疲れていても、そのまま眠ってしまうようなことは一切なし。疲れを肌に残さないのは女性としての身だしなみですし、肌そのものにハリやツヤがあることが、「キレイ」の基本だと思います。

夏はクーラー、冬は暖房と、肌は過酷な環境にさらされていますから、保湿はものすごく大事。肌の状態は、季節や体調によってどんどん変わるので、まめに化粧品コーナーに立ち寄って、肌の保湿状態をチェックするようにしています。

3 週一のトリートメント、月一のカット

更年期を迎えて、急に髪がやせて、ツヤやコシがなくなってきたのには、びっくり。髪の毛や頭皮も老化してきたことを痛感し、髪の手入れにも気を配るようになりました。シャンプー液を変え、トリートメントでの栄養補給、まめなカットでスタイリングしやすい髪形をキープするようにしています。
50代は、髪がパサついて見えるだけで、どっと生活に疲れた印象に見えてしまうもの。行きつけのヘアサロンのスタッフに、加齢によって変わってきた髪質の手入れ方法などを相談にのってもらっています。

4 夜9時以降は、食べ物禁止

更年期の不調を改善するために飲んでいた薬で、太ってしまった時期があるんです。一番身近な異性である一人息子が、ちょっとした体重の変化に、とても敏感でしたね。男の子は厳しいナと思う反面、その厳しい目がなければ、「仕方ないじゃない」とそのままにしていたかもしれません。

自分を甘やかさないでベスト体重を保つ努力をすることも、体調管理能力のひとつ。普段の食事への気配りはもちろん、午後9時を過ぎてからの食事は、基本的に避けています。おかげで、いつでもスッキリした胃腸で朝を迎えることができます。

5 おしゃれ心を忘れない

身なりにかまわなくなったら、老化のはじまりなんじゃないでしょうか。常におしゃれでいたいという気持ちがあると、映画の中の着こなし、流行のヘアスタイルやファッション、化粧品のことなど、「これ素敵!」といろいろなことにときめいて、好奇心を持ち続けることができます。

上質な素材をさらりと着こなす特権も、50

代ならではの楽しみですが、内面を活性化する力の一つとして、「おしゃれ心」はとても大事だと思っています。

6 入浴後、毎晩30分のストレッチ

疲れをできるだけ溜めない習慣として、50代に入って続けてきたのが、毎晩の入浴と呼吸法を組み合わせたストレッチ。

まずコップ1杯の水を飲んで、ゆっくりお

風呂に入って、汗をかきます。入浴後は、リラックスできる音楽を聞いたり、ニュースを見ながら、全身をストレッチでほぐしてから寝るようにしています。

7 3カ月に一度は、健康診断を

更年期のピークの頃は、頭痛薬と軽い安定剤を常備薬として持ち歩いて、仕事に出かける毎日でした。

こんな体調が続いていても、現場ではきちんとした仕事を求められるのが50代。私は、ベストコンディションを保つために、定期的な健康診断を自分に課すようにしています。検診をきちんと続けるには、検診日に次の予約を入れてしまうことが大切。健康への安心は、明日への活力にもなっています。

志垣豊子
（しがき・とよこ）

1941年、東京生まれ。㈱ワーキングスタジオTRY代表。衣食住・健康問題から都市問題まで、幅広いテーマに関連した商品開発や事業戦略の立案を手がける。諸領域の専門家とのブレインストーミング・ネットワークや、30代から60代までの女性たちの実態調査ネットワークには定評がある。50代からの仕事と交流スペースをテーマに、1998年よりSOHOをスタート。現在、料理好きな夫と二人暮らし。それぞれの子供たちは結婚し、孫も5人。

「50カラット会議」事務局
㈱ワーキングスタジオTRY
〒155-0033　世田谷区代田４－37－11
電話　03-5301-5421／fax　03-5301-5422
E-mail　try@ce.mbn.or.jp
URL http://plaza27.mbn.or.jp/~tryclub/
編集協力　金原みはる、望月いづみ
株式会社大広

キレイは50歳から ――「50カラット会議」発

2002年６月10日　初版第１刷発行

編　者　志垣豊子
発行者　原 雅久
発行所　株式会社朝日出版社
〒101-0065　東京都千代田区西神田3－3－5
電話　03-3263-3321（代表）
URL　http://www.asahipress.com/
印　刷
製　本　図書印刷株式会社

ISBN4-255-00164-2 C0095